Karl-Heinz von Lackum

# Mit Branding an die Spitze!

Karl-Heinz von Lackum

# Mit Branding an die Spitze!

## Wie Sie auch ohne Werbemillionen die Konkurrenz überflügeln

GABLER

Bibliografische Information Der Deutschen Bibliothek
Die Deutsche Bibliothek verzeichnet diese Publikation in der Deutschen Nationalbibliografie; detaillierte bibliografische Daten sind im Internet über <http://dnb.ddb.de> abrufbar.

1. Auflage April 2004



Lektorat: Barbara Jaster

Der Gabler Verlag ist ein Unternehmen von Springer Science+Business Media.
www.gabler.de



Umschlaggestaltung: Nina Faber de.sign, Wiesbaden
Umschlagillustration und Illustrationen im Buch: Projekt Design GmbH, Münster (Hessen)
Aufnahmen: Ralph Hoppe, Christian Pradel u. a.
Satz: Projekt Design GmbH, Münster (Hessen)
Druck und buchbinderische Verarbeitung: Wilhelm & Adam, Heusenstamm
Gedruckt auf säurefreiem und chlorfrei gebleichtem Papier
Printed in Germany

ISBN 3-409-12668-6

# Prolog

## *Falls Sie zu den Menschen gehören, die Einführungen gern überspringen: Machen Sie dieses Mal eine Ausnahme*

Ob es Ihnen gelingt, sich am Markt zu behaupten und Ihre Konkurrenz zu überflügeln, ist keine Frage millionenschwerer Werbeetats. Ausschlaggebend für Ihren Geschäftserfolg ist in erster Linie die Wahrnehmung Ihrer Zielgruppe. Wie Sie diese beeinflussen und was das mit Branding zu tun hat, ist Gegenstand dieses Buches.

Branding, die Kunst Marken (Brands) zu gestalten und zu führen, ist das Erfolgsrezept der Konzerne. Marken begleiten unsere Kindheit, prägen unsere Wahrnehmung und besitzen maßgeblichen Einfluss auf unsere Kaufentscheidungen. Markenrechte sind die wertvollsten Schätze der großen Unternehmen. Warum werden die unglaublichen Chancen des Brandings von kleinen und mittelständischen Unternehmen noch viel zu wenig genutzt? Das ist nur was für die Großen? Irrtum. Dass man auch ohne Millionenetats Beachtliches erreichen kann, belegen ausgesuchte Beispiele aus der Praxis.

Branding ist eine Technik, die Unternehmen und Menschen erfolgreich macht. Sie hilft Ihnen, Ihre wirtschaftlichen und unternehmerischen Ziele schneller und effektiver zu erreichen und hat deutlich positive Auswirkungen auf Ihre Mitarbeiter. Branding kann aber noch mehr: Es hilft Ihnen, Ihre Vision zu verwirklichen. Der Brandingprozess führt Sie zu Klarheit und Entscheidungen und gibt Ihnen den Antrieb, sich ganz auf Ihre Idee einzulassen. Branding schafft Dynamik. Mir sind im Laufe meiner Agenturpraxis Menschen begegnet, die sich leidenschaftlich für ihre Idee einsetzten und für die Branding zum ungeahnten Erfolgsbeschleuniger wurde. Aber es setzt eine aufrichtige Geisteshaltung bei den Verantwortlichen voraus. Ich habe erlebt, wie

Oberflächlichkeit, Alibimaßnahmen und Handeln, das nur vom schnellen Profit motiviert ist, eine überzeugende Marke beschädigen und verderben kann. Folgen Sie Ihrer Vision von Herzen und Branding gibt Ihrem Streben Gestalt und Ihrem Unternehmen Erfolg.

Sie werden im Verlauf dieses Buches feststellen, dass ich Branding in einem recht weit gefassten Sinn betrachte. Das liegt daran, dass es hier weniger um Methoden als um Ergebnisse gehen soll. Jedes Unternehmen, jede Branche folgt ihren eigenen Gesetzen. Und doch gibt es übergeordnete Gesetzmäßigkeiten, die universelle Geltung besitzen, und deren Kenntnis und Befolgen den Turbolader Ihres Unternehmens zünden. Nachhaltiger Unternehmenserfolg ist nur im Einklang mit diesen Gesetzen möglich – niemals gegen sie. Eines dieser Gesetze lautet: „Was Du haben willst, das gib einem anderen." In der Wirtschaft kann das nur eines bedeuten: Je größer und wertvoller der Beitrag ist, den wir zum Erfolg unserer Kunden leisten, desto wertvoller werden wir für sie, und desto erfolgreicher werden wir selbst sein.

Beim Schreiben dieses Buches überlegte ich, wie ich den größtmöglichen Beitrag für Sie, meine Leser, leisten könnte. Ich beschloss, weder dem breiten Angebot an Marketingfachbüchern ein weiteres hinzuzufügen, noch wollte ich ein wissenschaftliches Werk vorlegen und mich allzu sehr in theoretischen Betrachtungen ergehen. Dieses Buch soll seine Leser voranbringen, es soll Ihnen helfen, das Wissen, das ich in meiner Arbeitspraxis erwerben und vertiefen konnte, unmittelbar praktisch zu nutzen. Es soll Denkanstöße liefern, Appetit machen und zum Handeln motivieren. Vor allen Dingen aber soll es Ihnen Spaß machen, es zu lesen.

Das Gesagte wird durch Beispiele bekannter Marken veranschaulicht. Ich habe auch einige Fallbeispiele aus meiner eigenen Praxis beigesteuert, um aufzuzeigen, wie Existenzgründer und Mittelständler von Branding profitieren. Am Ende der Kapitel finden Sie „Braintools", Arbeitshilfen, die Sie herzlich zur aktiven Mitarbeit einladen. Inwiefern Sie von diesen Möglichkeiten Gebrauch machen, liegt allein bei Ihnen. Sie werden die ein oder andere beschriebene Technik vielleicht bereits ähnlich, möglicherweise sogar intuitiv, in Ihrem Unternehmen anwenden – umso besser, denn dann sind Sie schon auf dem richtigen Weg. Ich nehme nicht für mich in Anspruch, der Urheber all der hier veröffentlichen Regeln und Methoden zu sein. Wo immer es möglich war, habe ich auf Literatur-Quellen hingewiesen, die mich inspirierten. Ich habe diese Regeln nicht (alle) erfunden, aber ich habe sie verstanden – und in der Praxis bestätigt gefunden, und darauf kommt es letztlich an. Aus urheberrechtlichen Gründen habe ich mich bei den Abbildungen von Logos auf eigene Arbeiten beschränkt. Betrachten Sie dieses Buch als ein Buffet. Nehmen Sie davon, was Ihnen gefällt, was Ihnen weniger zusagt, lassen Sie einfach liegen. Aber werden Sie aktiv.

„Der Anfang ist die Hälfte des Ganzen", wusste schon Aristoteles. Beginnen Sie also bald damit, etwas von Ihren neuen Erkenntnissen in die Tat umzusetzen. Ich verspreche Ihnen, dass die hier aufgezeigten Prinzipien und Methoden, ernsthaft angewendet, ihre Sprengkraft entfalten, und dass Sie einen kräftigen Wind in Ihren Unternehmenssegeln spüren werden. Ich wünsche Ihnen auf Ihrem Weg zur Marke von Herzen Erfolg.

*Münster im Februar 2004*

*Karl-Heinz von Lackum*

***„Wenn man einen Entschluss gefasst hatte, dann tauchte man in eine gewaltige Strömung, die einen mit sich riss, zu einem Ort, den man sich bei dem Entschluss niemals hätte träumen lassen."***

***Paulo Coelho „Der Alchimist"***

# Geleitwort

Herzlich willkommen im Zeitalter der Möglichkeiten. Dieses Buch von Karl-Heinz von Lackum wird Sie inspirieren, Ihre Chancen zu erkennen und zu nutzen. Gleichzeitig leben wir aber auch im Zeitalter des permanenten Wandels. Um erfolgreich zu bleiben müssen wir Meister des Wandels, nicht dessen Opfer werden. Dieses Buch hilft Ihnen, Ihren Lebensspielraum zu vergrößern.

Im Rahmen meiner Tätigkeit und als professioneller Redner habe ich in 35 Jahren zu über einer Million Menschen gesprochen. Meine Bücher wurden in viele Sprachen übersetzt, und meine 50 Audio- und Videoproduktionen haben deutlich gezeigt, man kann sein Leben bewusster gestalten. Einige meiner Seminarteilnehmer sind zum Beispiel als Sportler Weltmeister geworden und haben Goldmedaillen gewonnen. Auch in ihrem Beruf sind viele meiner Kunden an die Spitze gekommen.

Seit vielen Jahren kenne ich Karl-Heinz von Lackum und habe stets seine Persönlichkeit bewundert. Er unterscheidet sich von so manch anderem Autoren dadurch, dass er seriös und solide arbeitet. Er ist nicht abgehoben, er ist zuverlässig und ehrlich. Alles, was er sagt und schreibt, ist erprobt. Besonders fasziniert haben mich die Kapitel „Schlagen Sie den Nagel in die Wand", „Wie Sie Ihre Positionierungsnische finden" und „Es ist Frühling".

**Nikolaus B. Enkelmann ist der wohl bedeutendste Erfolgstrainer im deutschsprachigen Raum. Seit mehr als 30 Jahren führt er Rhetorik- und Persönlichkeitsseminare in seinem Institut in Königstein/Ts. durch.**

Ich kann Ihnen aber versichern, dass auch alle anderen Kapitel Sie begeistern werden. Darum sollten Sie sich, ohne Zögern und Zaudern, das Buch Kapitel für Kapitel erarbeiten. Sie werden es spüren – immer stärker wird Ihr Wunsch, Ihre Zukunft zu vergolden, ganz deutlich werden. Sie erkennen, je mehr Sie für sich tun, umso mehr wird auch jeder Mensch in Ihrem Umkreis davon profitieren. Freuen Sie sich auf die Zeit, die vor Ihnen liegt.

*Nikolaus B. Enkelmann*

# Der Markt frisst seine Anbieter

## *Wenn Sie tun, was alle tun, bekommen Sie auch nur das, was alle bekommen*

**Gesättigte Märkte verstärken den Wettbewerbsdruck**

Konkurrenz belebt das Geschäft? Das war einmal. Heute scheint die Konkurrenz das Geschäft eher umzubringen. Betrachten wir die Situation vieler mittelständischer Unternehmen einmal genauer: Sie produzieren qualitativ hochwertige Produkte und bemühen sich, diese im Markt profitabel an den Mann oder die Frau zu bringen. Genau wie der Wettbewerb. Da aber der Markt immer satter, der Wettbewerb immer penetranter und die Produkte und Leistungen immer austauschbarer werden, muss immer mehr Energie aufgewendet werden, um vom Kunden erst wahr-, und dann in Anspruch genommen zu werden. In Folge werden die Leistungen immer besser und die Kunden anspruchsvoller und selbstbewusster.

**Sinkende Renditen gefährden die Existenzen der Unternehmen**

Die Anbieter müssen also, um erfolgreich zu sein, einerseits noch mehr Leistung erbringen, andererseits noch mehr Zugeständnisse bei Preisen und Zahlungsbedingungen machen. Bei vergleichbaren Leistungen wird jedoch meist der billigste Anbieter bevorzugt, worauf jeder knurrend weiter an der Preisschraube dreht und die Rendite auf Grasnarben-Niveau absinkt. Anbieter aus Niedriglohnländern und internationale Konzerne mit ihren riesigen Werbe- und Mediabudgets verschärfen die Situation noch deutlich und werden damit zu den Totengräbern der Branchen. Die Abwärtsspirale dreht sich knirschend weiter, und der Spagat zwischen dem Erbringen von hoher Leistung einerseits und den blutarmen erzielbaren Verkaufspreisen andererseits entzieht dem Unternehmen die Existenzgrundlage. In diesem Spiel gibt es auf Anbieterseite viele Verlierer, die in die Röhre schauen, und wenige Gewinner, die aber angesichts der eingesetzten Energie auch nicht viel gewinnen können.

**Es gibt kaum noch monopolistische Märkte**

In einem monopolistischen Marktgefüge hingegen hätte der Käufer keine (Aus-)Wahl. Er würde die angebotene Leistung zum angebotenen Preis akzeptieren. Nach Abschaffung der staatlichen Monopole finden wir aber kaum noch solche für den Anbieter paradiesischen Zustände. Es sei denn, Sie betreiben die einzige Eisdiele im städtischen Freibad.

**Aber es gibt Monopole in den Köpfen der Verbraucher**

Und doch gibt es Unternehmen, die sich von der allgemein herrschenden Konjunktur scheinbar weitgehend abkoppeln konnten. Sie haben ihre eigene Firmenkonjunktur, begegnen uns wiederholt in den Medien und erzielen Profite, von denen andere träumen. Ist das Glück oder Zufall, oder steckt dahinter ein Erfolgsrezept, das auch Sie für Ihr Unternehmen nutzen können? Beim genaueren Hinsehen erkennen wir, dass all diese Champions etwas gemeinsam haben: Sie konzentrieren sich auf einen Bereich, in dem sie eine relative Überlegenheit besitzen. Sie sind Spezialisten, oft Marktführer auf ihrem Gebiet, und ihre Produkte stehen in den Köpfen ihrer Kunden als die beste Lösung für ein bestimmtes Problem – quasi als „psychisches Monopol“. Diese Unternehmen sind die Profis im Branding.

Branding, die Kunst Marken zu schaffen und zu führen, hat nämlich ein ganz bestimmtes Ziel, das Hans Domizlaff, der „Vater“ des Branding, schon in den Dreißiger Jahren auf den Punkt brachte:

***„Das Ziel der Markentechnik (Branding) ist die Sicherung einer Monopolstellung in der Psyche der Verbraucher.“***

**Die Vergleichbarkeit ist der Tod der Rendite**

Das also ist der (Aus-)Weg aus dem Dilemma. Da vergleichbare Leistungen unweigerlich zu sinkenden Renditen führen, gibt es nur eine Konsequenz: Raus aus der Vergleichbarkeit! Suchen Sie die Lücke! Durch Branding machen Sie Ihr Produkt und Ihr Unternehmen in der Wahrnehmung Ihrer Zielgruppe einzigartig und schaffen ein virtuelles Monopol in den Köpfen Ihrer Kunden.

## *Was hat Ihr Unternehmen mit Harley-Davidson zu tun?*

In Zeiten übersättigter Konsumenten und sinkender Akzeptanz für klassische Werbung kommt es darauf an, die eigenen Kernkompetenzen und den daraus erwachsenden Kundennutzen klar und umweglos zu kommunizieren. Im Wettlauf um die Aufmerksamkeit der Zielgruppen wird nämlich nur die Botschaft gewinnen, die auffällt und klaren Nutzen verspricht.

**Es wird immer schwieriger, Aufmerksamkeit zu erzielen**

Branding rückt damit in den Mittelpunkt unternehmerischen Handelns. Das eigene Unternehmen als Marke zu begreifen, ist die strategische Herausforderung für den Mittelstand. Lernen Sie von den Erfolgsstrategien der Konzerne.

Wir haben bereits die Grundlage des Branding-Gedankens kennen gelernt: Einzigartigkeit. Das Erreichen von Einzigartigkeit (Uniqueness), wird zum zentralen Erfolgsfaktor für das Unternehmen. Wie aber gelingt es Ihnen, Ihr Unternehmen als perfekten Problemlöser für Ihre Zielgruppe zu profilieren und sich deutlich von Ihrem Wettbewerb abzugrenzen?

**Uniqueness als Erfolgsfaktor für das Unternehmen**

Verabschieden Sie sich vom produktorientierten Denken. Vielerorts denken die Firmenlenker und Verkäufer noch immer viel zu produktbezogen. Nutzen Sie das als Chance für sich. Die Qualität, auf die manch einer so stolz ist, ist heutzutage nur noch die Eintrittskarte für den Markt und kein wirklicher Wettbewerbsvorteil mehr. Sie wird vom Kunden einfach vorausgesetzt. Ist Ihr Produkt tatsächlich besser als das Ihrer Wettbewerber? Das ist nicht ausschlaggebend. Was zählt, ist einzig und allein, dass Ihr Kunde denkt, es sei das Beste für ihn. Nicht die beste Leistung gewinnt, sondern die am besten präsentierte Leistung. Wahrnehmung kommt vor der Wahrheit. Das hat nichts mit Un-Wahrheit zu tun, sondern mit der Art, in der wir die Welt wahr-nehmen. Ihr

**Qualität wird vom Kunden vorausgesetzt**

**Was zählt, ist, was Ihr Kunde *denkt***

**Ihre Aufgabe: Den richtigen Eindruck erzeugen**

Kunde ist kein Fachmann. Er wird kaum alle relevanten Informationen über die Anbieter besitzen und miteinander vergleichen (wollen). Er vergleicht, was er sieht und ersetzt den Rest durch Vertrauen. Er urteilt nach seinem Eindruck, und Ihre Aufgabe ist es, den richtigen Eindruck zu erzeugen.

**Marktführer als Synonym für die Produktgattung**

Ein sehr wirksames Kaufargument für Ihren Kunden ist die Marktführerschaft. Er denkt, das erfolgreichste Unternehmen müsse auch das beste sein. Oftmals werden die erfolgreichsten Anbieter nicht nur zum Marktführer, sondern gar zum Synonym für die ganze Produktgattung, wie das beim *Tempo*-Tuch, der *Uhu*-Tube oder dem *Tesa*-Streifen der Fall ist. Ist das *Tempo*-Tuch wirklich besser als ein Papier-Taschentuch eines anderen Herstellers? Vielleicht. Ganz sicher aber denken viele Käufer, dass es besser sei – und das genügt. Wir sehen: Der Geschäftserfolg beginnt also im Kopf des Kunden.

**Stellen Sie Ihr Produkt in einen neuen Kontext**

Wenn Sie zur Nummer Eins für Ihre Zielgruppe werden wollen, erfinden Sie Ihr Business neu: Ändern Sie nicht Ihr Produkt, ändern Sie zuerst die Wahr-Nehmung. Seien Sie anders als andere, öffnen Sie eine neue geistige Schublade. Nur mit einem unverwechselbaren Markenprofil gelingt es Ihnen, Ihr Unternehmen in den Köpfen der Entscheider fest zu verankern. Verkaufen Sie also nicht länger Produkte – bieten Sie Lösungen! Erkennen Sie die Bedürfnisse Ihrer Zielgruppe, stimmen Sie Ihre Leistungen exakt darauf ab und kommunizieren Sie das überzeugend. Erkennen Sie die Dinge hinter den Dingen und schaffen Sie Lösungen, die bedeutsamer sind und einen größeren Wert besitzen als Ihr Produkt allein. So ändern Sie den Kontext und steigern die Attraktivität Ihres Unternehmens.

Vor einiger Zeit gab der amerikanische Motorradhersteller *Harley-Davidson* bekannt: „Wir haben aufgehört Motorräder zu verkaufen. Wir verkaufen jetzt eine Lebensphilosophie – und das Motorrad gibt's gratis dazu." Wahrlich ein Paradebeispiel für erfolgreiches Branding!

## *Von Fröschen und Schubladen*

**Die Marke dient zur Differenzierung ...**

Der Begriff „Branding“ entstammt der Zeit, als man Rindern ein Brandzeichen ins Fell brannte, um Tiere verschiedener Herden voneinander zu unterscheiden. Heute bedienen sich die Menschen der Marken (Brands), beispielsweise bei Kleidung oder Fahrzeugen, um ihre Zugehörigkeit zu (oder Abgrenzung von) einer bestimmten Gruppe zu dokumentieren. Die Marke dient also in erster Linie der Differenzierung. Der wesentliche Wert einer Marke liegt jedoch darin begründet, dass der Verbraucher eine bestimmte Botschaft damit verknüpft und sie anderen Anbietern vorzieht. Die Marke genießt durch ihre beständige Botschaft sein Vertrauen und dient zur Orientierung in einem Warenangebot, das ihn schier zu erschlagen droht. Wie steuert die Markenpräferenz das Kaufverhalten? Lassen Sie uns einen kurzen Ausflug zu den psychologischen Grundlagen dieser Wirkung unternehmen.

**... und zur Orientierung**

**Branding beruht auf der Interpretation von Signalmustern**

Die Suche nach den Ursprüngen des modernen Brandings führt uns zu einer überraschenden Erkenntnis: Die Wiege der Markentechnik steht nicht etwa am Tiber oder in Mesopotamien und auch nicht am Nil. Ihre Wurzeln reichen noch erheblich weiter zurück. Branding wurde von den Menschen nämlich nicht erfunden, es wurde vielmehr entdeckt. Schon lange bevor der Mensch die Bildfläche betrat, gehörte es zu den grundlegenden Erfordernissen des Lebens, Informationen effektiv verarbeiten zu können. Jedes Lebewesen ist permanent einer gigantischen Fülle von Signalen ausgesetzt. Es muss in der Lage sein, Signalmuster zu erkennen, zuzuordnen und mit einer Bedeutung zu verknüpfen. Da aber kein noch so weit entwickeltes Lebewesen die neuronalen Voraussetzungen besitzt, um all diese Informationen verarbeiten zu können, griff die Natur zu einem genialen Trick: Sie schenkte uns das selektive Wahrnehmungsvermögen. Wir filtern aus der Vielzahl der Signale diejenigen heraus, die für uns mit hoher Wahrscheinlichkeit Relevanz besitzen und verknüpfen sie mit Bedeutung. Der Rest fällt durch den Rost. Ohne die Fähigkeit, die lebenswichtigen Signalmuster aus der gigantischen Informationsfülle herauszufiltern, wäre eine Orientierung, und somit ein Überleben, nicht möglich.

**Wir erkennen Signalmuster und verknüpfen sie mit Bedeutung ...**

Im Kopf eines Frosches beispielsweise signalisiert ein kleines vorbeifliegendes Objekt Nahrung und ruft das reflexartige Herausschnellen der Zunge hervor, um sich den Leckerbissen zu sichern. (Der Frosch verschlingt auch ein hingeworfenes Papierkügelchen in der gleichen Weise.) Eine plötzliche Verdunklung in Form eines Schattens signalisiert dem Frosch hingegen, dass sich etwas „bedrohlich Großes“ zwischen ihn und die Sonne schiebt, was sofort einen Fluchtmechanismus auslöst. (Der Frosch lässt sich mit Hilfe einer Taschenlampe fangen). Diese Mechanismen funktionieren bei uns Menschen genauso. Welche Reaktion löst beispielsweise der Anblick einer brennenden Zigarette auf einem Benzinkanister oder ein alleine am Straßenrand stehendes dreijähriges Kind bei Ihnen aus? Wir interpretieren also eine Ordnung, indem wir Signalmuster wiedererkennen und ihnen eine Bedeutung zuweisen. In gewissem Sinne kann man also sagen, wir „erfinden“ unsere Wirklichkeit buchstäblich selbst. Das ist das ganze Geheimnis.

**... und *erfinden* damit unsere Wirklichkeit**

**Gleichbleibende Signalmuster**

Aus der Evolutionsbiologie wissen wir, dass Leben nur in einer verlässlichen Welt möglich ist. Die Bedeutung bestimmter Signalmuster muss also immer gleich bleiben, wann und wo immer sie uns begegnen. Signalmuster mit einer verbürgt gleich bleibenden Aussage – das ist das Wesen der Marke (vgl. Disch 1995).

In unserem angeborenen Streben nach Orientierung suchen wir nach zuverlässigen Signalen, denen wir vertrauen können. Wir alle haben unzählige kleine Schubladen in unseren Köpfen, die solche Signalinterpretationen enthalten, unsere Wirklichkeitsbetrachtung prägen und unser Verhalten steuern. Wir verbringen unser Leben damit, immer weitere Schubladen zu füllen, um uns zurechtzufinden und uns zweckentsprechend verhalten zu können. Diese Inhalte beeinflussen natürlich auch die Entscheidungen, die wir in den unterschiedlichen Lebenssituationen treffen, wie beispielsweise den Kauf eines Autos, einer bestimmten Kaffeesorte, die Auswahl des Lebenspartners oder die Auftragsvergabe an einen Handwerksbetrieb. Marken und Markenzeichen werden mit einer bestimmten Bedeutung belegt und dienen uns zur Orientierung. Ist der Inhalt der geistigen Schublade positiver Natur wie beispielsweise „sicher", „vereinfachend" oder „prestigeträchtig", ziehen wir diese Marken anderen Produkten selbst dann vor, wenn faktisch gar kein Unterschied besteht.

## *Die Welt vertraut der Marke*

Ein Unternehmen, das eine starke Marke besitzt, ist einem anderen, das nur Produkte verkauft, immer überlegen. Stellen Sie Ihre Marke in den Mittelpunkt Ihrer vielfältigen unternehmerischen Aktivitäten, um sich nicht zu verzetteln und maximale Schubkraft zu erzeugen. Große Konzerne investieren Millionen in ihre Marken. Aus gutem Grund, denn mit der steigenden Bekanntheit der Marke und den damit verknüpften Aussagen steigt auch ihr Wert. Laut einer Studie der *Harvard-Universität* ist das Wertvollste, was ein Unternehmen besitzt – na was wohl? – sein Name. Mit dieser Einschätzung steht die Universität nicht alleine da: Einer Untersuchung von *Pricewaterhouse Coopers* zufolge macht die Marke bei den größten deutschen Aktiengesellschaften durchschnittlich 58 Prozent des Unternehmenswertes aus.

***„Die Marke ist der wichtigste vom Unternehmen steuerbare und beeinflussbare Erfolgstreiber."***

***Richard Linxweiler***
***Markenexperte***

**Warum sollte er?**

***„Produktionsanlagen können noch so modern, noch so technisch ausgeklügelt sein – im Vergleich zur Werthaltigkeit mancher Marken stellen sie für viele Unternehmen lediglich einen nachrangigen Vermögensposten dar."***
(*Manager Magazin 06/02*).

**Die Marke gehört zu den wertvollsten Schätzen der Unternehmen**

Und tatsächlich: Der Wert der Marke *Mercedes* beispielsweise liegt bei 21,4 Mrd. USD. Der Schnellverpfleger *McDonald's* ist 24,7 Mrd. USD wert und für die Marke IBM müssten Sie mehr als 51 Mrd. USD bezahlen (vgl. *Interbrand* 2003).

Wenngleich es eine Reihe unterschiedlicher Methoden gibt, den Wert einer Marke zu beziffern, ist die Tatsache, dass diese zu den bedeutendsten Schätzen der Unternehmen zählen, unbestritten.

**Branding erhöht den Wert Ihres Unternehmens**

Auch wenn Sie sich nicht mit *IBM* oder *McDonald's* vergleichen können, bleibt das Wirkprinzip das gleiche. Beim Verkauf eines kleinen oder mittelständischen Unternehmens macht sich der konsequente Markenaufbau der vergangenen Jahre durchaus in harten Zahlen bemerkbar.

Sollten Sie zu den Lesern gehören, die keine Millionen in den Aufbau ihrer Marke investieren können, gehen Sie andere Wege: Bauen Sie Ihre Marke selbst auf. Sie werden sehen, es gibt Bereiche, in denen Sie mit durchaus überschaubaren Budgets Ihre Chancen nutzen können, ein Brand-Champion zu werden.

## *Was eine Marke können muss*

Es gibt eine ganze Reihe von Definitionen des Begriffs Branding. Ich habe meine eigene, ganz einfache Betrachtung formuliert:

***„Branding heißt, dafür zu sorgen, dass ein Produkt/Leistung/ Unternehmen durch bewusste Positionierung eine bestimmte emotionale Bedeutung in der Wahrnehmung des Verbrauchers erhält und unverwechselbar wird."***

Entscheidungen werden im Bauch getroffen und mit dem Kopf begründet. Was bedeutet diese Erkenntnis für Ihr Unternehmen und für Ihre Produkte? Schreiben Sie den vorletzten Satz auf und hängen Sie ihn an die Wand, damit Ihr Unterbewusstsein sich damit beschäftigen kann. Damit haben Sie den ersten Schritt heraus aus der Vergleichbarkeit getan. Wir werden darauf zurückkommen.

**Entscheidungen werden im Bauch getroffen und mit dem Kopf begründet**

Was sollte Ihre Unternehmensmarke können?

Eine starke Marke muss ...

**Eine starke Marke verkörpert eine Botschaft**

... dem Kunden sagen, was sie kann,

... eine gleich bleibende Botschaft transportieren,

... ihrer immateriellen Leistung Gestalt geben,

... positive Vorstellungen hervorrufen,

... Prägnanz besitzen und unverwechselbar sein,

... glaubwürdig sein und Vertrauen schaffen.

Eine starke Marke ist die Verkörperung ihrer immanenten Botschaft.

Jetzt haben wir einiges über Marken, ihre Wirkweise und ihren Wert erfahren. Lassen Sie uns nun beleuchten, was Sie tun können, um Ihr Unternehmen und Ihre Leistung in eine starke Marke zu verwandeln. Erfinden Sie Ihr Business neu: Tauchen Sie ein in die spannende Welt des Brandings.

# *Schlagen Sie den Nagel in die Wand*

## *Corporate Branding – Das Unternehmen als Marke*

**Jedes Unternehmen besitzt eine Identität**

Jedes Unternehmen besitzt eine Identität. Die Frage ist, ob es sich seiner Identität bewusst ist und sie gestaltet oder ob es sie der Beliebigkeit überlässt. Die Beschäftigung mit der eigenen Identität, dem Selbstbild, führt zu Fortschritt und Wachstum. Wird das Selbstbild als Ideal in Worte gefasst, entsteht ein Leitbild, wird es sichtbar gemacht, entsteht ein Erscheinungsbild – das Corporate Design.

**Das Corporate Design ist deren visueller Ausdruck**

Das Corporate Design beschränkt sich also nicht, wie im landläufigen Sprachgebrauch gelegentlich zu beobachten, auf Logo, Briefbogen und Visitenkarte, sondern es bezeichnet die Summe aller sichtbaren Äußerungen des Unternehmens. Das Corporate Design ist also nicht identisch mit der Corporate Identity oder der Markenidentität, sondern es ist deren sichtbarer Ausdruck.

Im Branding existieren insgesamt drei Faktoren, die die Markenidentität zum Ausdruck bringen:

- Das visuelle Erscheinungsbild (**Corporate Design**)

- Die Leistung (**Corporate Performance**).
  Das ist die Summe aller Dinge (Dienstleistungen, Produktportfolio und Services), die Sie für Ihre Kunden und andere Bezugsgruppen leisten.

- Das Verhalten (**Corporate Behavior**).
  Das ist die Art, wie Sie mit Ihren Kunden, Mitarbeitern, Lieferanten, Investoren usw. umgehen.

Nur wenn alle drei Faktoren schlüssig aufeinander abgestimmt sind, kann eine eindeutige und widerspruchsfreie Markeniden-

**Kontinuität und Konsequenz in der Kommunikation**

tität entstehen. Wenn dann die drei großen „K" hinzukommen – Kontinuität, und Konsequenz in der Kommunikation – wird aus der eindeutigen Identität (Selbstbild) in der Wahrnehmung Ihrer Zielgruppe ein ebenso eindeutiges Image (Fremdbild) oder anders ausgedrückt: Ein Signalmuster mit gleichbleibender Aussage – eine Marke.

**Diese drei Kriterien prägen Ihr Image**

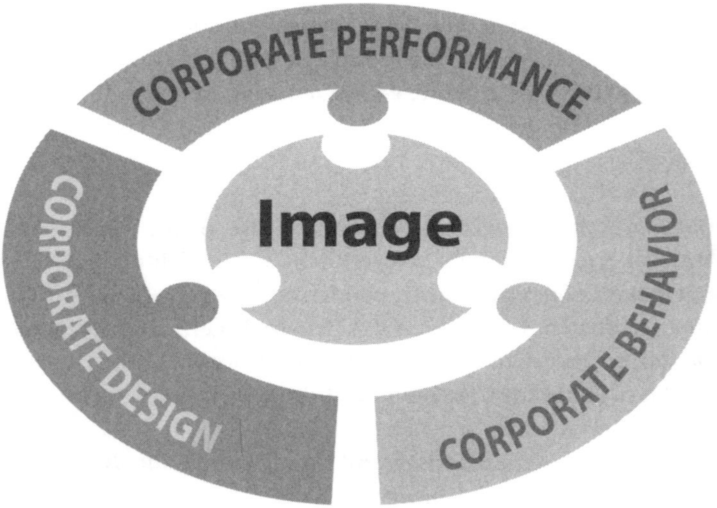


**Tun Sie nicht das Beste, sondern seien Sie der Beste in dem, was Sie tun**

Zusammenfassend heißt das also: Seien Sie sich darüber klar, wer Sie sind, und stellen Sie all Ihre Aktivitäten in den Dienst dieser Idee. Stimmen Sie Ihre Leistung, Ihr Verhalten und Ihr äußeres Erscheinungsbild darauf ab, kommunizieren Sie das Ganze überzeugend und Sie werden Ihren Erfolg kaum verhindern können.

## *Erfinden Sie Ihr Business neu*

**Viele Unternehmen stecken im Mittelmaß fest**

Vielerorts leiden kleine und mittlere Unternehmen unter dem „Stuck-in-the-middle-Problem", das heißt, sie sind nicht besonders günstig, haben aber auch keine herausragenden oder unverwechselbaren Produkte anzubieten. Die einzige Lösung lautet: Neuausrichtung in der Positionierung und der gezielte

Aufbau einer Marke. Eine Marke ist mehr als ein Produkt oder eine Leistung. Sie verkörpert die Seele Ihres Unternehmens. Man könnte sagen, das Produkt verhält sich zur Marke wie Sex zur Erotik. Ersteres findet auf der körperlichen Ebene statt, letzteres im Kopf – und im Herzen.

**Die Marke ist mehr als das Produkt**

Worin, glauben Sie, liegt der Unterschied zwischen einer kompetenten Firma, die Computernetzwerke verkauft und installiert, und einer kompetenten Firma, die Computernetzwerke verkauft, installiert und sich selbst als Marke versteht?

Im Erfolg. Firma A verkauft Computer-Netzwerke zu Preisen, die am Markt durchsetzbar sind. Firma B hingegen spezialisiert sich auf eine klar begrenzte Zielgruppe, sagen wir, niedergelassene Ärzte für Humanmedizin. Sie denkt sich in ihre Zielgruppe hinein, erforscht deren Probleme und Bedürfnisse und definiert sich als Antwort darauf. Sie erkennt, dass es dem Arzt nicht um Technik, sondern um Lösungen geht, und formuliert ein eindeutiges Leitbild aus diesen Erkenntnissen.

In der Folge stellt sie fest, welche gesetzlichen Richtlinien für die EDV in Arztpraxen gelten, und passt ihre Rechner an die Bedürfnisse der Ärzte und die Forderungen des Gesetzgebers an. Sie sucht sich einen Softwarehersteller, der ein Programm für den Workflow in Arztpraxen anbietet, als verlässlichen Kooperationspartner, um mit ihm gemeinsam eine bedarfsgerechte Lösung anbieten zu können. Sie stimmt alle Komponenten aufeinander ab, findet einen aussagefähigen Namen für ihr Konzept und positioniert sich als spezialisierter Problemlöser für den Arzt im Bereich „EDV-gestützter Arbeitsabläufe in der Praxis“. Mit jedem installierten Netzwerk sammelt Firma B Lernerfahrung und verfeinert ihre Leistungen und Produkte immer weiter. Sie profitiert vom engen Kontakt zu

**Je enger die Zielgruppe umrissen ist, desto passender die angebotene Lösung**

MNet®
Advanced
Das medizinische Netzwerk

ihren Kunden, von Weiterempfehlungen innerhalb der Ärzteschaft und veröffentlicht Fachbeiträge im Deutschen Ärzteblatt und anderen Fachpublikationen. Sie wird schließlich zur Marke und hört auf, EDV-Netzwerke zu verkaufen. Sie verkauft dem Arzt das gute Gefühl, sich um seine Patienten kümmern zu können, weil alles bestens läuft.

Was glauben Sie, geht im Kopf des niedergelassenen Arztes vor, wenn er vor der Anschaffung eines neuen Computernetzwerks für seine Praxis steht? Welche Schubladen gehen da auf? Für welchen EDV-Partner wird er sich entscheiden? Firma A oder Firma B?

Und wo glauben Sie, stehen die beiden Firmen in acht oder zehn Jahren?

**Widerstände sind Geschenke**

Ich behaupte, dass Ihr nachhaltiger Geschäftserfolg von Ihrer Positionierung und Ihrer Markenstrategie abhängt. Nicht, dass der Brandingprozess in kurzer Zeit und ohne viel Mühe vonstatten ginge, aber es lohnt sich, diesen Weg zu gehen. Es ist nicht leicht, eine erfolgreiche Marke mit einem begrenzten Budget zu etablieren, aber es ist möglich – und das ist, was zählt. Ich bezweifle, dass es Firma A leichter fallen wird, sich am hart umkämpften IT-Markt zu behaupten und gedeihliche Gewinne zu erzielen. Wenn Ihnen Widerstände auf Ihrem Weg zur Marke begegnen, betrachten Sie diese als Geschenke, denn jeder Widerstand, den Sie auf dem Weg zum Spezialisten durch Beharrlichkeit und gute Ideen überwinden, schließt sich hinter Ihnen und hält Ihren Wettbewerb auf Distanz.

## *Lernen Sie von den Champions*

**Erfolgreich durch Beschränkung**

Wie wir bereits sahen, haben die Brand Champions eines gemeinsam: Sie verlagern ihr Engagement in Bereiche ihrer relativen Überlegenheit. Sie haben etwas Grundsätzliches erkannt: Eine Vielzahl an Märkten und Zielgruppen zu bedienen, gleicht dem Versuch, einen Nagel quer in die Wand zu schlagen. Der Schlüssel zum Erfolg liegt in der Beschränkung, in der Konzentration und in der Bündelung der Kräfte auf Ihre Kernkompetenzen. Hüpfen Sie nicht von Ast zu Ast – den Alleskönner kauft Ihnen eh keiner ab. Konzentrieren Sie sich besser auf das, was Sie am besten können. Haben Sie den Mut, Ihren Fokus auf einen klar begrenzten Markt auszurichten, und bündeln Sie Ihre Energie damit zu einem Laserstrahl.

**Verzettelung ist der direkte Weg zur Mittelmäßigkeit**

Jedes Unternehmen besitzt ein einzigartiges Stärkenprofil. Analysieren Sie zunächst, wo Ihre Stärken, Kompetenzen und Erfahrungen liegen, und werden Sie sich darüber klar, welcher Gruppe von Menschen Sie mit Ihren Stärken den größten Nutzen bieten können. An dieser Stelle scheitern viele Unternehmen. Sie können der Versuchung einfach nicht widerstehen, jedem etwas bieten zu wollen. Anstatt sich auf ein kleines, überschaubares Gebiet zu konzentrieren, auf dem ihre Stärken durch Erfahrungen und Lernerfolge ihre Sprengkraft voll entfalten könnten, tanzen sie aus Sorge, ein Geschäft zu verpassen, auf mehreren Hochzeiten gleichzeitig. Die Ergebnisse sind Zerfaserung, Mittelmaß und sinkende Energierenditen.

Finden Sie Ihre Zielgruppe, bearbeiten Sie einen kleinen, überschaubaren Markt und streben Sie danach, dort die erste Geige zu spielen.

## *Wie Sie Ihre Positionierungsnische finden*

**Wer erfolgreich sein will, muss andere erfolgreich machen**

Eines der grundlegenden Naturgesetze, die wir erkennen und verinnerlichen sollten, ist: Wer erfolgreich sein will, muss andere erfolgreich machen. Wenn Sie Ihren Erfolg steigern möchten, steigern Sie also Ihren Beitrag zum Erfolg Ihrer Kunden. Ich setze hier den Erfolg mit Nutzen gleich, also Erfolg im Sinne von Weiterbringen oder Probleme lösen. Je größer der Wert Ihres Beitrags ist, desto größer wird der Wert, den man Ihnen beimisst, und desto besser werden Sie bezahlt. Wie aber gelingt es uns, einen maximalen Beitrag zu leisten?

**Der Erfolg ist die Folge der richtigen Strategie**

In seinem Buch „Thinking Big“ erläutert der amerikanische Unternehmensberater und Managertrainer Brian Tracy das Prinzip der Spitzenleistung. Dieses bewährte Prinzip basiert auf vier aufeinander abgestimmten strategischen Variablen. Es handelt sich um Spezialisierung, Segmentierung, Differenzierung und Konzentration. Der Erfolg Ihres Unternehmens hängt von der (erlernbaren) Fähigkeit ab, diese Variablen so effektiv wie möglich einzusetzen.

**Vier gewinnt: Die stategischen Variablen**

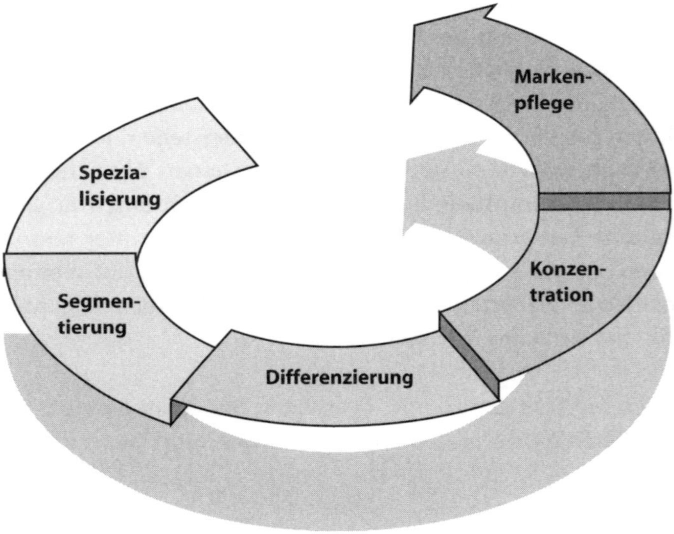


- **Spezialisierung**
  Besinnen Sie sich auf Ihre Stärken, analysieren Sie diese und entwickeln Sie sie weiter. Welche speziellen Fähigkeiten, Erfahrungen und Kontakte besitzen Sie?

- **Segmentierung**
  Prüfen Sie, welcher Zielgruppe Sie den größten Nutzen bringen können. Wer hat Bedarf an Ihren Leistungen und ist bereit, dafür zu bezahlen? Wie lassen sich die Probleme dieser Zielgruppe beschreiben? Machen Sie eine Liste aller in Frage

kommenden Zielgruppen und entscheiden Sie sich für die attraktivste.

- ❑ **Differenzierung**
  Analysieren Sie, wer Ihre Kernzielgruppe bisher bedient. Wie heißen Ihre Nebenbuhler? Wie treten sie auf? Welche Stärken und Schwächen haben sie? Seien Sie anders. Was müssten Sie bieten, um für Ihre Zielgruppe attraktiver zu sein? Was sollte Ihre zukünftigen Kunden veranlassen, Sie den anderen Anbietern vorzuziehen?

- ❑ **Konzentration**
  Jetzt heißt es durchstarten. Formulieren Sie aus den Problemen Ihrer Zielgruppen, die Sie lösen möchten, Ihr Unternehmensziel. Richten Sie Ihre Energien wie durch ein Brennglas auf diesen Punkt und arbeiten Sie daran, in dem, was Sie tun, immer besser und besser zu werden.

Wir wollen die vier strategischen Variablen genauer beleuchten und überlegen, welche Entscheidungen Sie weiterbringen. Das Abenteuer kann beginnen.

*Spezialisierung*

## *Warum es bei McDonald's keine Jägerschnitzel gibt*

**Die Power der Spezialisierung**

Stellen Sie sich ein kleines Handwerksunternehmen vor, sagen wir, einen Schlosserei- und Montagebetrieb, der Tore und Zäune für private Bauherren und gewerbliche Kunden fertigt. Wie seine Mitbewerber leidet er unter Vergleichbarkeit und schwachbrüstigen Renditen. Seine einzige Chance liegt in der Spezialisierung auf eine ganz bestimmte Problemlösung. Er könnte sich beispielsweise auf Beschattungen konzentrieren. Er liefert und montiert Gelenkarm-Markisen und Jalousien und bietet Lösungen zur Beschattung verwinkelter Wintergarten-Fassaden. Durch die permanente Beschäftigung mit der Materie sammelt er Erfahrung und Know-how. Bald kennt er alle Spezialbauteile der Hersteller

*„Erfolgreiche Unternehmen sind Ein-Zweck-Systeme und keine Gemischtwarenläden."*

***Fredmund Malik Management-Kybernetiker***

und die kniffeligsten Montagetricks. Da er alle Produkte und baulichen Situationen kennt, geht ihm bald die Montage schnell von der Hand. Er tritt als Sonnenschutzspezialist auf und wird bald von Architekten und Hausbesitzern wegen seiner Fachkompetenz und Beratungsqualität empfohlen.

Wenn Sie sich von der Verzettelung verabschieden, um sich auf ein bestimmtes Gebiet zu konzentrieren, wirkt sich das in zwei Richtungen aus: Nach innen und nach außen.

Sie machen Lerngewinne und Erfahrung und durch die ständige Wiederholung werden Sie effektiver. Sie gewinnen Routine, Ihre Leistungen werden besser und Sie werden automatisch zum Experten auf Ihrem Gebiet.

**Spezialistenwissen ist mehr wert als jenes des Generalisten**

Auch die Wahrnehmung Ihrer Kunden ist eine andere: Sie sind nicht (mehr) der Generalist, sondern der spezialisierte Problemlöser – und das Wissen des Spezialisten wird immer höher eingeschätzt als das des Generalisten. Menschen suchen die Hilfe von Spezialisten für die Lösung ihrer Probleme. Je heikler das Problem, desto wertvoller der Spezialist. Die Buchhandlung, die sich auf Managerliteratur spezialisiert, die Anwältin, die sich auf Scheidungsrecht spezialisiert, der Softwareentwickler, der ein Programm, speziell für Hausverwalter anbietet, haben ihren Kunden allemal mehr zu bieten als der Bauchladenbetreiber, der für jeden alles hat.

**Grundbedürfnisse als Spezialisierungsgrundlage**

Gelegentlich höre ich den Einwand, dass es gefährlich sei, sich auf einen einzigen Bereich zu konzentrieren, da dieser in einigen Jahren überholt sein könnte. In aller Deutlichkeit: Sie sollten sich nicht auf eine Technik oder ein Produkt spezialisieren, sondern auf die Lösung zur Befriedigung eines Grundbedürfnisses. Als Spezialist für Handys haben Sie in zehn Jahren möglicherweise schlechte Karten. Als Spezialist für mobile Kommunikation sind Sie auch dann noch gefragt und können mit zeitgemäßen Lösungen aufwarten. Weiterhin sollten Sie sicherstellen, dass Ihr Markt eine Spezialisierung rechtfertigt. Der einzige Augenoptiker

in einem 900-Seelendorf muss als Generalist auftreten, weil der Markt für abgefahrene Designerbrillen einfach zu klein ist.

Je unübersichtlicher der Markt, je höher das Tempo der Veränderung, desto mehr Bedeutung kommt der Marke als Orientierungshilfe zu. Die Marke mit ihrer verlässlichen Aussage wirkt für den Kunden wie ein Leuchtturm in der Flut der schier unbegrenzten Wahlmöglichkeiten.

*„Marken sind wie Macheten. Sie schlagen Schneisen durch den Dschungel des Warenangebotes."*

*Florian Langenscheidt Verleger*

Um das Profil Ihrer Marke zu schärfen, sollten Sie Ihr Produktportfolio also nicht erweitern, sondern begrenzen. Je breiter das Leistungsangebot, desto schwächer ist die Marke, je konzentrierter das Angebot, desto überzeugender und kraftvoller ist sie. Am schlagkräftigsten sind die Marken, die im Kopf der Zielgruppe einen einzigen Begriff besetzen konnten – den Schlüsselbegriff. *Volvo* beispielsweise steht für Sicherheit. *Nivea* steht für Pflege. Das ist der Grund, warum Sie bei *McDonald's* keine Schnitzel bekommen. Der Fastfood-König würde seine Positionierung und damit seine Glaubwürdigkeit verlieren.

**Konzentration auf einen Schlüsselbegriff**

*Uhu*

Als ein Apotheker namens August Fischer 1932 den ersten glasklaren Kunstharzklebstoff der Welt erfand, nannte er ihn nach einem Vogel seiner Schwarzwälder Heimat: *Uhu*. Heute ist der schwarzgelbe Alleskleber das Synonym für die ganze Produktgattung. Uhu vertreibt in über 120 Ländern ein ganzes Sortiment von Bastel-, Kunststoff- und anderen Klebern. Warum stellt *Uhu* keine Bastelscheren oder Stempelkissen her? Weil *Uhu* der Alleskleber ist.

*Kitekat*

*Kitekat* steht für Katzennahrung. Sie bekommen so viele Sorten und Packungsvarianten, wie Sie möchten: Frischebeutel, Vorratspack, Dosen, Schalen oder als Trockenfutter. Aber immer nur für Katzen. Warum vermarktet *Kitekat* kein Hundefutter? *Kitekat* gehört zur Katzen-Fraktion.

***Persil* und *Spee***

Mit seinem Platzhirschen *Persil* führt *Henkel* den Markt für Waschmittel an. Als man beschloss, noch weitere Segmente des

Marktes zu bearbeiten und den preisorientierten Verbraucher ins Visier zu nehmen, wurde die eigenständige Marke *Spee* aus dem Hut gezaubert und entsprechend positioniert. *Persil* ist *Persil* und *Spee* ist *Spee*.

***Mercedes Benz* und *Smart***

Als *Mercedes Benz* 1994 ein neues innovatives Kleinfahrzeug-Konzept auf den Markt brachte, schaffte man mit dem *Smart* nicht nur eine eigene Marke, sondern sogar ein eigenes Unternehmen, eigene Autohäuser und Werkstätten, wo *Smart*-Techniker die Kleinstwagen betreuen. *Mercedes* ist *Mercedes, Smart* ist *Smart.*

***Toyota* und *Lexus***

Als sich *Toyota* in den Vereinigten Staaten dazu aufschwang, das Premiumsegment des Fahrzeugmarktes mit exklusiven Fahrzeugen aufzumischen, nannte man die Modellreihe nicht *Toyota,* sondern *Lexus*. *Toyota* ist ... Sie wissen schon.

***N24* und *Robbie Williams***

Und der Nachrichtensender *N24* kokettiert sogar damit, was er nicht hat. Sie kennen den Spot sicher: Eine klischeegerechte Blondine sitzt mit grenzdebilem Gesichtsausdruck vor dem Bildschirm: „Schröder ... Stoiber ... Schröder ... kenn ich nicht ... wo ist denn der Robbie Williams?“ Dann erscheint der Claim: „NUR Nachrichten“.

Begrenzen Sie also Ihr Sortiment auf das, was Sie besser können als irgendwer sonst. Schreiben Sie es sich groß auf die Fahnen, um sich zweifelsfrei zu positionieren, und streben Sie in einem kleinen Nischenmarkt danach, die Nummer Eins zu werden.

***Nokia* im Markt für Mobilfunk**

Als Jornes Ollila 1992 die finnische Firmengruppe *Nokia* übernahm, fand er einen breit ausgerichteten Gemischtwarenladen vor, dessen Sortiment sich von Förderbändern über Gummistiefel bis hin zum Toilettenpapier erstreckte. Der zusammenbrechende Handel mit der Sowjetunion hatte das Unternehmen in ernste Schwierigkeiten gebracht. Ollila erkannte die Chancen des Wachstumsmarktes Mobilfunk und beschloss, *Nokia* strategisch völlig neu auszurichten. Seiner Vision folgend, richtete er

## *Spezialisierung in der Fertigung*

In Produktionsbetrieben ist ein signifikanter Zusammenhang zwischen der wachsenden Erfahrung des Spezialisten und dem Sinken der Stückkosten zu beobachten. Durch die wachsenden Abnahmemengen werden die Einkaufsbedingungen günstiger und die gewonnene Erfahrung wirkt sich positiv auf Prozesse, Management und Produktionsverfahren aus. Bei Automobilherstellern hat man das längst erkannt und die Fertigungstiefe im Laufe der Zeit immer weiter verringert. Bei rund 10.000 Teilen, aus denen ein gängiger Wagen besteht, beschränkt man sich auf wesentliche Baugruppen und nutzt die Kompetenz der Zulieferbetriebe als verlängerte Werkbank. *Porsche* beispielsweise hatte bereits zu Beginn der 90er Jahre mit rund 20 Prozent die geringste Fertigungstiefe der Branche. Vorstands-Chef Wendelin Wiedeking: „Unsere Stärken liegen nicht darin, auch noch die letzte Schraube von einem *Porsche*-Ingenieur entwickeln zu lassen." Auch sonst ist das Auftreten des schwäbischen Sportwagenherstellers von eindeutiger Spezialisierung geprägt. Er gilt heute als der profitabelste Automobilhersteller der Welt.

alle Energien und Ressourcen auf dieses Ziel und schaffte den Turnaround des kränkelnden Unternehmens vom Gemischtwarenladen zum Mobilfunk-Marktführer mit weltweit mehr als 60.000 Mitarbeitern.

*Segmentierung*

## *Liebe deinen Nächsten, aber nicht den Nächstbesten*

**Wer stellt die Frage, auf die Sie die Antwort sind?**

Wer stellt die Frage, auf die Sie die Antwort sind? Jeder Markt bietet eine Fülle unterschiedlicher Zielgruppen. Finden Sie die Gruppe heraus, die den größten Nutzen von Ihren Stärken hat. Dort, wo die „Schmerzen" am größten sind, müssen Sie ansetzen. Dort gewinnt Ihre Leistung den höchsten Stellenwert und man wird bereit sein, sie angemessen zu honorieren. Überlegen Sie: Welche Rolle spielen geographische Aspekte, Bildungshintergrund, Einkommen, Alter und Geschlecht der Zielpersonen?

**Vom Buchhändler zum Wissenslieferanten**

Zoomen Sie sich weiter rein. Welche Teilzielgruppe kommt für Sie in Betracht? Der Mensch liest. Die vierte Buchhandlung in der Stadt zu eröffnen, mag nicht viel Sinn machen, aber die Buchhandlung mit dem größten Angebot an wissenschaftlicher Literatur für die Teilzielgruppe Studenten der ansässigen Hochschule, schon. So macht Sie der Schritt von der Buchhandlung zum Wissenslieferanten in einem klar umrissenen Sortimentsbereich zur Nummer Eins für eine bestimmten Teilzielgruppe.

**Vom Weinhändler zum Gründer einer Community**

Der Weinhändler, der sich aus der Fülle der Weintrinker die Liebhaber guter Toskanaweine heraussucht und ihnen besondere Tropfen aus eigenen Import-Quellen anbietet, gilt unter ihnen bald als Geheimtipp. Bei seinen Weinproben trifft sich die ganze Community der Kenner und Genießer.

Es gibt Stammkunden, Gelegenheitskunden, Interessenten und Menschen, die aus irgendeinem Grund (noch) nicht bei Ihnen kaufen, aber bewussten oder latenten Bedarf an Ihrer Leistung haben und somit als Kunde in Frage kommen. Da ich im allgemeinen Sprachgebrauch keinen passenden Begriff für diese Gruppe fand, nenne ich sie Possibilis.

## *Bewerten Sie Ihre Marktnische*

**Den Dialog mit der Zielgruppe suchen**

Wie viele Possibilis, die Sie für sich gewinnen könnten, bietet Ihr Segment? Wenn Ihr Budget für Marktforschung eher begrenzt ist, besorgen Sie sich günstig Branchenvergleichszahlen oder Studien der Handelskammern oder anderer Verbände. Aus diesen Zahlen können Sie Schlüsse auf die Größe, Struktur und regionale Verteilung Ihres Marktes ziehen. Urteilen Sie aber nicht allein nach Größe und wirtschaftlicher Attraktivität Ihrer Zielgruppe. Was ist das wichtigste Kriterium für die Auswahl Ihrer Zielgruppe? Dass sie zu Ihnen passt! Es macht keinen Sinn, sich auf Menschen zu konzentrieren, zu deren Vorstellungswelt Sie keinen Zugang finden. Zahlen zeigen Ihnen zwar Rahmenbedingungen, können Ihnen aber die Beschäftigung mit Ihrer Zielgruppe nicht ersparen. Je genauer Sie sie eingrenzen und beschreiben, desto exakter können Sie Marktchancen erkennen und Lösungen anbieten. Sie sollten einen intensiven Dialog mit Ihrer Zielgruppe pflegen, um ihre Bedürfnisse und Probleme sorgfältig zu analysieren. Schauen Sie genau hin: Wo haben diese Menschen ihre „Schmerzen", welches Problem können Sie lösen? Welches Bedürfnis steckt dahinter? Sie wissen ja, es sind immer die Dinge hinter den Dingen, die zählen.

**Zielgruppenproblem gelöst: *Getabstract.com***

Manager und Führungskräfte müssen immer auf der Höhe der Zeit sein und wissen, was läuft. Nun ist es aber zum einen unmöglich, alle relevanten Bücher zu lesen und Seminare zu besuchen, zum anderen ist gerade diese Berufsgruppe ausgesprochen viel beschäftigt. Da kamen einige findige Köpfe auf die Idee ihres Lebens: Buchveröffentlichungen zu den Bereichen Management, Führung, Marketing etc. lesen und den Inhalt auf fünf Seiten verdichtet im Internet zum Download anbieten. Das Ergebnis: *GetAbstract* – komprimiertes Wissen für Vielbeschäftigte. Ein Kernproblem der Zielgruppe, nämlich Zeitmangel, wurde beispielhaft erkannt und gelöst: Der Manager kann für knapp zehn Dollar die wesentlichen Inhalte in einer Viertelstunde aufnehmen, für die er sonst Tage benötigt hätte. Die angebotene Leistung passt also zum Problem wie der Schlüssel ins Schloss. Heute ist *GetAbstract* mit über 2000 Abstracts die weltweit größte Online-Bibliothek für Wirtschaftsbücher.

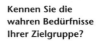

**Kennen Sie die wahren Bedürfnisse Ihrer Zielgruppe?**

Eine Marke, die für alle da ist, gibt es nicht. Sie werden bei *GetAbstract* keine Reiseberichte oder Kochbücher finden. Und auch Sie müssen sich genau entscheiden, für wen Sie da sein möchten.

Stellen Sie sich Ihren idealen Kunden vor und beschreiben Sie ihn so detailliert wie möglich. Das meine ich wörtlich: Fertigen Sie eine Wunschkundenbeschreibung an und prägen Sie Ihre Marke zu einer Antwort auf seine Bedürfnisse.

## *Kennen Sie den Wert Ihres Kunden?*

**Bewerten Sie Ihre Kunden**

Nach dem Pareto-Prinzip machen Sie mit etwa 20 Prozent Ihrer Kunden 80 Prozent Ihres Umsatzes. Während Ihre profitablen A-Kunden den wertvollen Deckungsbeitrag bringen, bringen Wechselkäufer und Schnäppchenjäger oft mehr Mühe als Ertrag. Sie sollten also nicht all Ihre Kunden gleich behandeln, sondern genau hinschauen, wem Sie Ihre Zuwendung schenken. Dazu müssen Sie Ihre Kunden nach ihrem Potenzial, dem so genannten Customer Value, bewerten. Dabei ist nicht nur der aktuelle vom Kunden generierte Umsatz Ausschlag gebend, sondern, je nach Produkt oder Leistung, eine längere Planungsperiode maßgebend. Dass es erheblich teurer ist, neue Kunden zum Kauf zu bewegen, als vorhandene zu binden, hat sich mittlerweile herumgesprochen. Sie sollten daher nicht nur nach dem Neugeschäft schielen, sondern Ihren A-Kunden die größte Aufmerksamkeit schenken.

**Hinter den Denkmodellen steht der Mensch**

Segmentieren Sie Ihre Kunden in Untergruppen mit gleichen Problemen und Bedürfnissen und bedienen Sie diese möglichst individuell. Vergegenwärtigen Sie sich, dass es immer der Mensch ist, der Entscheidungen trifft und Leistungen in Anspruch nimmt. Es sind keine Unternehmen, keine demoskopischen Gruppen, keine statistischen Größen – es sind Menschen. Begriffe wie Zielgruppen, Verbraucher- oder Konsumentengruppen sind Denkmodelle, die in der Realität nicht existieren. In der Realität ist es immer ein Mensch mit seinen menschlichen Bedürfnissen und Vorstellungen, der entscheidet, der unzufrieden oder begeistert ist. Beachten Sie Alter, Ausbildungshintergrund und berufliche Stellung der Zielpersonen, damit Sie Ihre Ansprache darauf abstimmen können und Gehör finden.

**Entscheidungen werden immer von Menschen, nie von Unternehmen getroffen**

Beachten Sie auch, dass Entscheider und Verwender nicht immer identisch sein müssen. An der Entscheidung über die Anschaffung einer Softwarelösung im Unternehmen können der IT-Verantwortliche, der Einkäufer und das Management beteiligt sein. Jede Person hat andere Entscheidungsmotivatoren. Schauen wir uns näher an, was sich im Kopf des Einzelnen abspielt: Der Einkäufer favorisiert vor allem die sicherste Lösung, und das möglichst günstig, denn er muss seine Entscheidung vor seinem Vorgesetzten verantworten. Der IT-Leiter blickt auf die Funktionalität, die Integrationsfähigkeit und auf die Programmfeatures. Der Preis hat für ihn eine eher nachrangige Bedeutung. Den Chef interessiert in erster Linie, was die Software an Einsparung oder Wettbewerbsvorteilen bringt. Er will den Nutzen sehen, bevor er investiert.

**Backseat-Consumer**

Und wie sieht es im Consumer-Bereich aus? Bei den Verbrauchsgütern werden viele Entscheidungen von Hausfrauen getroffen und viele von deren Kindern beeinflusst. Tatsächlich ist der Einfluss von Kindern auf Kaufentscheidungen in den Familien in den vergangenen Jahren deutlich gestiegen. Und er erstreckt sich keineswegs nur auf *Cornflakes* und *Schokobons*. Im Marketing spricht man hier vom Backseat-Consumer und schafft kleine, kindgerechte Einkaufswagen an oder platziert Anzeigen für Papas Hardware in Kinderzeitschriften, um das Markenbewusstsein der Youngsters beizeiten zu fördern.

**Opinion Leader**

Denken Sie darüber nach, welche Meinungsführer die Entscheidung Ihrer Possibilis beeinflussen. Meinungsführer (Opinion Leader) sind Menschen, die Einfluss auf das Verhalten und die Urteilsbildung Ihrer Kunden haben. Häufig sind es Bekannte der Zielpersonen, oft sind es auch beratende Personen (wie Architekten für Bauherren oder Steuer- oder Vermögensberater), die Entscheidungen prägen und zur Verbreitung von neuen Produkten oder Leistungen beitragen. Wenn Sie also ein innovatives Gerät zur physikalischen Wasseraufbereitung für den Hausbesitzer anbieten, sprechen Sie nicht nur die Endkunden an, sondern überzeugen Sie die Fachleute der relevanten Branchen von Ihrem Produkt.

**Besser Spitze sein in einem kleinen Markt als Nobody in einem großen**

Wenn Sie Ihre Jagdgründe auswählen, fragen Sie sich nicht allein: „Wie groß ist der Markt?". Fragen Sie sich vor allem: „Wie groß könnte mein Anteil an diesem Markt werden?"

***Es ist aussichtsreicher und effektiver, in einem kleinen Markt zur Spitze vorzudringen und das Geschäft dann auszuweiten, als in einem großen Markt ein Nobody zu sein.***

***Amazon* – vom Buchhändler zum Zielgruppenbesitzer**

Als *Amazon.de* damit begann, den Markt für den Internetbuchhandel zu erobern, bot man nur eines an: Bücher. Man konzentrierte sich darauf, Bücher online zu verkaufen und zu versenden. Der Kunde besuchte die Homepage, benutzte die Suchfunktion, um sich über interessante Angebote zu informieren und bestellte die Bücher seiner Wahl. Bald wurde eine Gutschein-Funktion und eine Bücher-Verschenk-Option mit Verpackungsservice ergänzt. Da es die Technik erlaubte, Besuche und Bestellverhalten der Kunden zu protokollieren und zu interpretieren, war es bald möglich, ihnen zusätzliche, zu ihren Interessengebieten passende Bücher vorzuschlagen. Brillantes One-To-One-Marketing. Dann kam der *Smart-Login*. Der Kunde wird beim Besuch der Homepage erkannt, mit seinem Namen angesprochen und das Bestellprozedere wurde zur *One-Click-Bestellung* vereinfacht. Damit ist nicht nur dem Impulskauf Tür und Tor geöffnet, sondern auch der Kundenbindung genüge getan, denn der Bücherfreak verspürt kaum Neigung, sich bei der Konkurrenz mühevoll mit Name und Anschrift von Hand einzuloggen. Ein genialer Schachzug, denn war früher die Konkurrenz nur einen Mausklick entfernt, ist es jetzt das eigene Bestellformular.

Heute kann man auf der *Amazon*-Homepage Rezensionen lesen und schreiben, persönliche Favoritenlisten veröffentlichen und Wunschzettel hinterlassen. Man kann sogar (*Ebay* lässt grüßen) seine ausgelesenen Schmöker anderen Kunden zum Kauf anbieten – zu Preisen freilich, die Amazon die Ernte nicht verhageln. Wie man hört, versteht es der Online-Buchgigant ausgezeichnet zu konvertieren: Vom Besucher zum Kunden, vom Kunden zur Community. Millionen Leseratten kaufen nicht nur ihre Bücher, sondern auch CDs, DVDs, Videos und andere Artikel bei *Amazon.de*. Die müssen nur aufpassen, dass sie sich nicht verzetteln.

*Differenzierung*

## *Seien Sie anders als die anderen*

***Rolling Stones* vs. *The Beatles***

Als die Beatles als die „unangepassten Pilzköpfe" zu Beginn der sechziger Jahre Furore machten, mussten sich die *Rolling Stones*, um nicht als blasse Kopie zu erscheinen, strategisch positionieren. Ihr Manager, Allan Klein, forderte sie auf, sich nachlässiger zu kleiden, ihr Haar länger zu tragen und ungehobelter aufzutreten als die *Beatles*. So gelang es ihm, die Stones sozusagen links der Beatles zu platzieren und sie als originäre „Rebellen-Marke" zu etablieren. Dieser Anspruch wurde später durch das Stones-Signet, die herausgestreckte Zunge, unterstrichen. Es dürfte sich um eine der lukrativsten Positionierungsstrategien des zwanzigsten Jahrhunderts handeln, denn allein seit 1989 haben die Stones 1,5 Milliarden US-Dollar verdient.

**Die Mutter aller Fragen: „Was ist für mich dabei drin?"**

Im letzten Kapitel haben Sie sich für Ihre Zielgruppe entschieden. Jetzt sorgen Sie dafür, dass sich Ihre Zielgruppe auch für Sie entscheidet. Dazu wollen wir uns einmal genauer ansehen, was sich im Kopf dieser Menschen während der Entscheidungsfindung abspielt. Ein Blick unter die Schädeldecke des Kunden enthüllt: ein großes Fragezeichen. Wir finden hier nämlich die Mutter aller Fragen: Was ist für mich dabei drin? Ihr prospektiver Kunde interessiert sich leider nicht die Bohne für Sie, Ihr Produkt oder Ihren Vorteil bei dem Geschäft. Er will zunächst einmal klipp und klar wissen, welcher Nutzen für ihn dabei herausspringt. Das ist nicht verwerflich, das ist legitim, denn letztendlich geht es uns allen so, ob bewusst oder unbewusst.

**Geben Sie die Antwort darauf**

Und wer muss ihm diese Mutter aller Fragen eindeutig und zweifelsfrei beantworten? Sie natürlich! Es liegt in Ihrem Verantwortungsbereich, dem Kunden zu verdeutlichen, was er davon hat, dass er sich unter allen Anbietern für keinen anderen als für Sie entscheidet.

**„Ist das der richtige Anbieter?"**

Um diese Entscheidung treffen zu können, ist natürlich eines zwingende Voraussetzung: Die Unterscheidbarkeit der Angebote. Die nächste Frage im Kopf des Kunden lautet nämlich: „Ist das der richtige Anbieter für mich?" Der Kunde, der ja keine Fehlentscheidung treffen möchte, vergleicht sorgfältig und sucht nach Differenzierungsmerkmalen, nach Signalen, die ihm das Gefühl geben, richtig zu entscheiden. Erhält er dieses Signal nicht, sind die vorliegenden Angebote in seiner Wahrnehmung völlig austauschbar. Ist das der Fall, folgt Frage Nummer 3: „Was kostet mich das?" Und es entscheidet der Preis. So einfach ist das. Gelingt es Ihnen, die ersten beiden Fragen überzeugend zu beantworten, haben Sie bei Nummer drei den größten Spielraum.

**Bei Austauschbarkeit entscheidet der Preis**

Wenn Sie also nicht den niedrigsten Preis anzubieten haben, müssen Sie die richtigen Signale senden, um sich deutlich positiv von Ihrer Konkurrenz abzuheben. Ihre Marke muss die attraktivste Lösung sein. Der amerikanische Branding Experte Rob Frankel brachte es wunderbar auf den Punkt: „Branding is about getting your prospects to see you as the only solution to their problem."

## *Was treiben eigentlich Ihre Nebenbuhler?*

**Fühlen Sie Ihrem Wettbewerb auf den Zahn**

Die Frage, die uns nun beschäftigt, lautet: Was macht unser Wettbewerb? Zum Glück wird das Thema Konkurrenzbeobachtung von vielen Unternehmen sträflich vernachlässigt – das bedeutet eine große Chance für Sie! Analysieren Sie Ihren Wettbewerb. Beschaffen Sie sich so viele Informationen wie möglich über Ihre Konkurrenz und werten Sie diese sorgfältig aus. Fangen wir ganz vorne an: Wer ist überhaupt Ihr Wettbewerb? Sammeln Sie die

Namen Ihrer Nebenbuhler um die Gunst der Kunden. Das können in verschiedenen Geschäftsfeldern unterschiedliche Anbieter sein. Sammeln Sie so viele Informationen über sie, wie Sie können. Die nahe liegendste Methode besteht darin, den Internetauftritt Ihrer Rivalen auszuwerten. Aber es gibt noch weitere ergiebige Informationsquellen: Besorgen Sie sich Prospekte, Kataloge, Preislisten und Angebote Ihrer Gegenspieler. Recherchieren Sie in der Fachpresse nach Anzeigen und Pressemeldungen Ihrer Konkurrenz und interpretieren Sie sie. Eine gute Gelegenheit zur Informationsbeschaffung sind Messen und Ausstellungen. Befragen Sie Stellenbewerber, die ehedem bei der Konkurrenz tätig waren. Spitzen Sie die Ohren im Gespräch mit einem Lieferanten, der auch „die anderen" bedient. Je nach Branche können Sie Ihre Agenten zu Besuchen oder Testkäufen zu Ihrer Konkurrenz schicken, um deren Kundenorientierung, Beratungskompetenz und Serviceverhalten beurteilen zu können. Schöpfen Sie alle verfügbaren legalen Quellen der Informationsbeschaffung aus. Sie werden sehen, wie schnell Sie sportlichen Ehrgeiz in Ihrer „Geheimdienstarbeit" entwickeln. Heften Sie die gewonnenen Informationen in einen Ordner und schreiben Sie auf dessen Rücken: „Unternehmensberatung". Beschließen Sie, jeden Konkurrenten ab heute als Inspiration und kostenlosen Unternehmensberater zu begreifen, der Ihnen unfreiwillig wertvolle Hinweise gibt und dem Sie aufmerksam auf die Finger sehen.

**Betrachten Sie Ihre Konkurrenz als Unternehmensberater**

Sie haben natürlich längst erkannt, dass es uns nicht darum geht, unsere Konkurrenz sklavisch zu kopieren. Wir sammeln diese Daten aus drei Gründen: Erstens, um von den Stärken unserer Mitbewerber zu lernen, zweitens, um ihre Schwächen zu erkennen und für uns zu nutzen, und drittens, um mögliche Kooperationspartner zu erkennen. Denn es ist nicht unbedingt die blinde Konfrontation, die uns weiter bringt. Strategische Partnerschaften können in bestimmten Bereichen die klügere Entscheidung sein.

**Von Stärken lernen und die Schwächen nutzen**

Sie müssen nicht alle relevanten Konkurrenz-Unternehmen untersuchen. Damit die Arbeit überschaubar bleibt, sollten Sie

**Konkurrent oder möglicher Partner?**

sich auf die wesentlichen beschränken. Um den größten Nutzen aus den gesammelten Informationen ziehen zu können, gehen Sie bei Ihrer Recherche methodisch vor. Unterteilen Sie Ihre Konkurrenten in drei Kategorien:

**Platzhirsche, Graser und Füchse**

- **Die Platzhirsche**
  Unternehmen, die den Markt führen oder maßgeblichen Einfluss auf Produktpolitik, Preise und Rahmenbedingungen besitzen.

- **Die Graser**
  Unternehmen, die „so mitlaufen". Sie besitzen eine untergeordnete Bedeutung und haben geringen Einfluss auf den Markt.

- **Die Füchse**
  Unternehmen, die eine bestimmte Nische bearbeiten. Sie besitzen ein begrenztes Produktangebot oder Liefersortiment und konzentrieren sich auf kleine Marktsegmente, in denen sie als Spezialist auftreten.

**Bestimmen Sie Ihre Wunschposition**

Um den größtmöglichen Nutzen aus den gewonnenen Ergebnissen zu schöpfen, verdichten Sie sie auf einige wenige Kernaussagen. Benutzen Sie dazu die Fragen am Ende dieses Kapitels. Die methodische Struktur verschafft Ihnen einen raschen Überblick und unterstützt Sie bei der Festlegung Ihrer eigenen Positionierungsstrategie. Um sich zu veranschaulichen, wo Sie im Vergleich zum Wettbewerb stehen, zeichnen Sie nun eine Positionierungsmatrix. Dazu legen Sie eine horizontale und eine vertikale Achse fest. Die beiden Achsen schaffen durch die Zuweisung unterschiedlicher Kriterien einen Eigenschaftsraum. Nehmen wir einmal an, die Horizontale steht für hohe bzw. niedrige Lösungskompetenz, die Vertikale bezeichnet das Preisniveau des Angebotes. Jetzt können Sie für jeden Ihrer Wettbewerber ein Kreuzchen in die Matrix einzeichnen und sich schließlich selbst platzieren. Sind Sie mit der erreichten Position zufrieden, oder streben Sie nach einer besseren? Möchten Sie an einem Ihrer Rivalen vorbeiziehen oder den Marktführer herausfordern? Was müsste sich an Ihrer Marke verändern, damit Sie Ihre Wunschposition erreichen? Versuchen Sie nicht, Ihren Gegner dort zu schlagen, wo er seine Stärken hat. Konzentrieren Sie sich darauf, die geeignete Lücke zu finden, die Sie mit Ihren Stärken ausfüllen können und wo Ihnen so schnell keiner etwas vormachen kann.

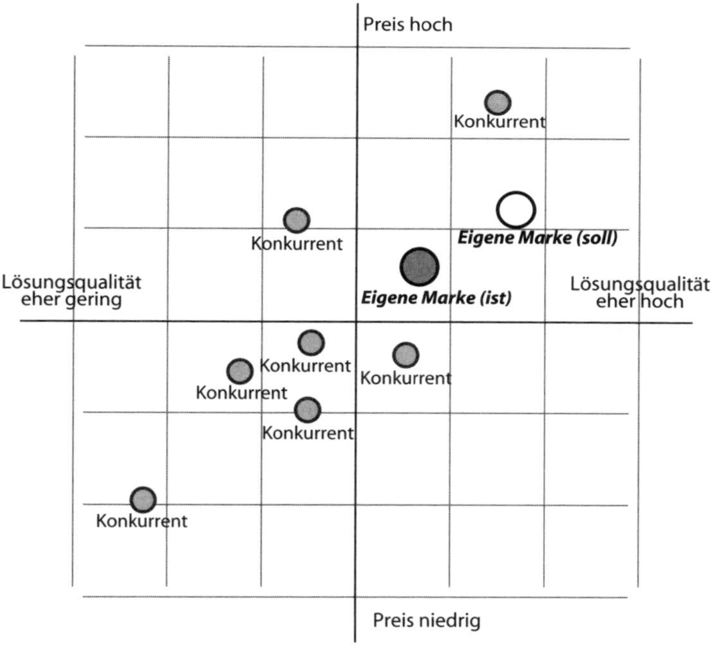


**Die Positionierungsmatrix schafft Übersicht**

**Finden Sie die Lücke**

Positionieren Sie sich komplementär. Wenn Ihr Gegner also das Reisebüro mit der größten Auswahl am Platze ist, versuchen Sie nicht, ihn zu übertreffen. Bieten Sie besser einen ausgeklügelten Service, speziell für Geschäftsreisende, an. Ist Ihr Gegner der Industrielieferant mit den größten Produktionskapazitäten bei elektronischen Baugruppen, heben Sie die Entwicklungskompetenz Ihrer Designabteilung oder Ihre Lieferperformance bei Kleinserien hervor.

## *Zeichnen Sie Ihr Profil*

**Finden Sie Ihre strategischen Erfolgspositionen**

Um sich erfolgreich vom Wettbewerb abzusetzen, müssen Sie bei sich selbst beginnen. Wo liegen die Stärken, die Sie zu etwas ganz Besonderem machen? Zur Veranschaulichung dient Ihnen das Denkmodell einer segmentierten Pyramide. Jeder ihrer vier Bestandteile steht für eine Qualität der Kompetenz. Das Fundament der Pyramide wird von den Basis-Fähigkeiten (Basic Skills) gebildet. So bezeichnet man die Fähigkeiten, die ein Unternehmen besitzen muss, um überhaupt im Markt mitspielen zu können. Zu den Basics zählen zum Beispiel Qualifikationen, Mitarbeiter und Produktionsstätten. Die zweite Stufe der Pyramide

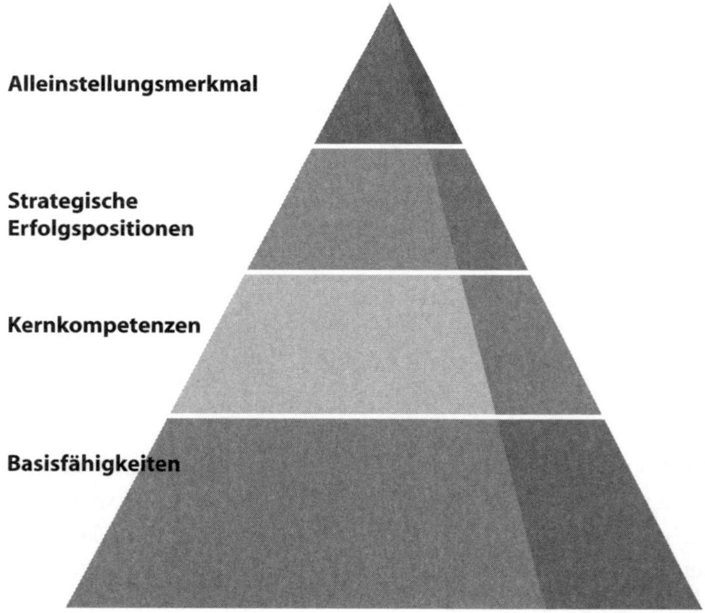

stellt die Kernkompetenzen dar. Hier kommen Ihre besonderen Stärken wie Spezialisierung, Erfahrungen und besonderes Know-how zum tragen. Als dritte Stufe begegnen uns die strategischen Erfolgspositionen (SEPs). Diese SEPs können beispielsweise besondere Serviceleistungen sein, es kann der Standort oder eine bestimmte Herstellungsweise Ihrer Produkte sein. Es könnten ebenso Patente, besondere Verbindungen, ungewöhnliche Vertriebswege oder sogar Menschen Ihrer Organisation sein. Wichtig ist, bereits vorhandene Erfolgspositionen zu erkennen oder neue SEPs bewusst zu erarbeiten. Strategische Erfolgspositionen sollten drei Erfordernisse erfüllen: Sie sollten dauerhaft gültig, eindeutig beweisbar und schwer kopierbar sein. Denn Ihr Wettbewerb wird bald versuchen, Sie nachzuahmen. Sorgen Sie dafür, dass Ihre Erfolgspositionen einen wirklichen Wert für den Kunden besitzen, sonst locken Sie damit keinen Hund hinter dem Ofen hervor.

## Was ist Ihr „Charcoal Mellowing"?

Die amerikanische Whiskey-Marke *Jack Daniel's* besetzt in ihrem Marktauftritt den Kernwert „Tradition". Um den Beweis für ihre Einzigartigkeit anzutreten, stellt sie auf ihrer Homepage www.jackdaniels.de als Alleinstellungsmerkmal ihr Herstellungsverfahren heraus:

„*Jack Daniel's Old No. 7* erinnert uns ständig daran, dass sich manche Dinge nie ändern. Und auch nicht geändert werden sollen. Dieser Whiskey wird immer noch genauso gebrannt, wie ihn unsere Väter gebrannt haben. *Jack Daniel's Old Time Old No. 7 Brand* ist ein Tennessee Whiskey nach der Sour-Mash-Methode und kein Bourbon. Im Gegensatz zum Bourbon wird *Jack Daniel's* vor der Reifung tropfenweise durch eine gut 3 m dicke Schicht aus Ahornholzkohle gefiltert. Dieses Verfahren nennt sich „Charcoal Mellowing" und wurde für *Jack Daniel's* patentiert."

**Was macht Ihr Unternehmen einzigartig?**

Die Spitze der Pyramide schließlich, stellt die USP (Unique Selling Proposition), also das Alleinstellungsmerkmal, dar. Was macht Ihr Unternehmen einzigartig? Ein Alleinstellungsmerkmal könnte zum Beispiel in der Verknüpfung bestimmter Kompetenzen oder in der Marktführerschaft oder sogar in der Person des Geschäftsführers liegen. Wenn es Ihnen gelingt, ein überzeugendes Alleinstellungsmerkmal zu schaffen und sich entsprechend zu positionieren, sind Sie auf dem direkten Weg aus der Vergleichbarkeit heraus. Die Beschäftigung mit der Positionierung Ihrer Konkurrenz und Ihren eigenen Stärken werden Ihnen maßgeblich dabei helfen, sich aus der Uniformität der Anbieter zu befreien und Ihr unverwechselbares Profil zu entwickeln.

## *Was bedeutet der Wettbewerb für Sie?*

Wir beschäftigten uns überwiegend mit dem Wettbewerb durch konkurrierende Unternehmen. Aber es gibt noch weitere Kräfte, die Ihre Wettbewerbslandschaft prägen können (vgl. Porter 1992):

**Etablierte Konkurrenzunternehmen**

- **Wettbewerb durch etablierte Konkurrenz**
  Unternehmen, die vergleichbare Produkte und Leistungen anbieten. Beispielsweise zwei Möbelmärkte mit günstigen Mitnahmemöbeln für die Zielgruppe der jungen Erwachsenen.

**Neue Konkurrenzunternehmen**

- **Bedrohung durch neue Konkurrenz**
  Newcomer oder Firmen, die ihr Sortiment in Ihren Markt hinein ausdehnen. Bäder-Accessoires wie Garnituren und Brauseköpfe, die für den Sanitärfachhandel attraktive Gewinnspannen boten, werden heute auch in Baumärkten, Möbelhäusern und sogar von Kaffeeröstern angeboten. Bücher und CDs werden auch von Online-Händlern verkauft. Der Malerbetrieb übernimmt neben klassischen Malerarbeiten die Verlegung des Bodenbelags mit.

**Veränderungen auf Kunden- oder Lieferantenseite**

- **Geschäftsausweitung und strukturelle Veränderung**
  Ihre Lieferanten könnten sich entschließen, direkt an Ihre Kunden zu liefern oder Ihre Kunden können die bisher von

Ihnen bezogenen Produkte selber fertigen. Auch Fusionen oder Aufkäufe von Unternehmen können plötzliche Veränderungen in der Lieferantenpolitik Ihrer Kunden verursachen.

- **Bedrohung durch Substitutionsprodukte**
  Produkte, die Ihre Leistungen und Produkte ersetzen können. Der Fernschreiber wurde durch das Fax verdrängt, Fotosatzgeräte und Reprokameras wurden durch Computer und DTP-Software ersetzt. Digitalkameras verdrängen die Sofortbildkameras, der Beamer den Diaprojektor.

**Neue Techniken oder Methoden**

- **Verhandlungsstärke der Abnehmer**
  Der Kunde kann unter vergleichbaren Anbietern wählen und versucht, die Preise zu drücken und die Bedingungen zu diktieren. Einige Automobilzulieferer mussten so bittere Erfahrungen machen.

**Kundendruck**

- **Verhandlungsstärke der Lieferanten**
  Der Hersteller eines begehrten Markenartikels kann Druck auf den Handel ausüben, um seine Bedingungen durchzusetzen. Ein Fahrzeughersteller könnte unter Umständen einen Händler unter Druck setzen.

**Druck durch Lieferanten**

Auf einige dieser Entwicklungen haben wir wenig oder keinen Einfluss, aber es ist dennoch wichtig, rechtzeitig über Gegenmaßnahmen oder Alternativen nachzudenken. Analysieren Sie daher genau, wo Chancen und Bedrohungen Ihres Marktes liegen und welche Stärken und Schwächen Ihr Unternehmen hat. Nutzen Sie dann gezielt Chancen und Stärken, um Ihre Wettbewerbsvorteile weiter auszubauen.

**Machen Sie eine S.W.O.T.-Analyse: Wo liegen Stärken, Schwächen, Chancen und Bedrohungen?**

*Konzentration*

## *Ready for Take-off*

Wir haben nun unsere Stärken ermittelt, unsere Wunschkunden definiert und uns angeschaut, wie sich unsere Konkurrenten

**Konzentrieren Sie sich auf die Seele Ihrer Marke**

positionieren. Jetzt geht es darum, eine Markenpersönlichkeit zu schaffen, die so stark und eindeutig ist, dass sie die Attraktivität Ihres Unternehmens für Ihre Kunden maßgeblich steigert und sie unverwechselbar macht. Eine Marke ist ein Produkt plus einer Seele. Streben Sie nach dem Ideal, begeistern Sie sich für Ihre Marke! Formulieren Sie Ihre Kernaussage und sorgen Sie dafür, dass Ihre Unternehmensleistung ganz im Sinne dieser Idee steht! Dies ist ein dauerhafter Prozess, an dem neben der Leistung auch die Kriterien Erscheinungsbild und Verhalten Ihres Unternehmens maßgeblich beteiligt sind.

**Gestalten Sie Ihren eigenen visuellen Stil**

Schaffen Sie Ihren eigenen, unverwechselbaren Stil. Viele der Anzeigen, die uns täglich in der Presse begegnen, erscheinen völlig austauschbar. Wenn Sie das Logo herausnehmen, weiß kein Mensch mehr, wer hier überhaupt wirbt. Die Inhalte, der Stil, die Farben und Layout der Aussage besitzen nicht genug Eigenständigkeit, um auch ohne Logo erkannt zu werden. Ein wirklich starker Markenauftritt bringt Ihre Kernwerte zum Ausdruck und besitzt signifikante Gestaltungsmerkmale.

**60 Prozent der Marken fehlt ein klares Profil**

Dass sich hier selbst die Brandexperten der Global Players mit ihren gigantischen Werbebudgets bei dieser Aufgabe schwer tun, zeigt uns eine vom *Manager Magazin* gemeinsam mit *Roland Berger* durchgeführte Marken-Studie aus dem Jahr 2002. Hier wurden die 356 bedeutendsten Konsummarken in Deutschland untersucht. Das erstaunliche Ergebnis: „Rund 60 Prozent der Marken können die Käufer nicht begeistern, weil ihnen ein klares Markenprofil fehlt. Vielen Managern mangelt es am Gespür für den Umgang mit den Unternehmensmarken. Manche Labels sind so konturlos wie ein Flachbildschirm.“
(*Manager Magazin* 06/02)

**Der entscheidende Erfolgsfaktor ist die Vision von der Marke**

Umso wichtiger ist es für den Mittelständler, der keine Millionen in den Markenaufbau (fehl)investieren kann, sich über den Markenkern seines Unternehmens im Klaren zu sein. Der entscheidende Faktor für den Erfolg der Marke ist nicht das Produkt.

Es ist auch nicht die Höhe des Werbebudgets, es ist die Idee – die Vision – die Sie von Ihrer Marke haben.

**Verdichten Sie Ihre Vision zum Leitbild**

Eine Vision ist ein mentales Bild von einer idealen Zukunft. Gott sei Dank ist eine starke Vision nicht von der Höhe der Werbeetats abhängig, sondern allein vom Bewusstsein der Verantwortlichen im Unternehmen. Entwickeln Sie Ihre Vision Ihrer Marke und schaffen Sie ein Leitbild als Richtschnur für das Verhalten all Ihrer Mitarbeiter.

## *Erfinden Sie Ihr Business neu*

*Fallbeispiel: Superiance The VIP-Travel-Service*

Superiance®
The VIP Travel Service

*„Willkommen bei Superiance, dem VIP Travel Service, der Maßstäbe setzt. Nehmen Sie Platz und genießen Sie den Komfort unserer Superiance-Liner. Ob Personenbeförderung, Verköstigung oder Event-Organisation – seien Sie anspruchsvoll und erwarten Sie das Außergewöhnliche."*
(*Superiance* Unternehmensbroschüre)

**Situation:**

**Ein exklusives Fahrzeug mit luxuriöser Ausstattung ...**

Ein mittelständisches Touristik-Unternehmen verfügt über eine ansehnliche Bus-Flotte und bietet neben dem Liniengeschäft einen so genannten *VIP-Liner* an. Es handelt sich um ein ausgesprochen exklusives Fahrzeug mit einer luxuriösen Ausstattung. Das Fahrzeug wurde speziell nach den Vorstellungen seines Bestellers von einem Spezialveredler konstruiert und stellt ein Unikat dar. Es bietet seinen Fahrgästen neben allerlei Annehmlichkeiten für komfortables Reisen auch eine erstaunlich reichhaltige Palette technischer Raffinessen. So verfügt er über abtrennbare Bereiche im Businneren, ein Video-Präsentationssystem und einen komfortablen Clubbereich im Heck des Fahrzeuges für Vis-à-vis-Besprechungen während der Fahrt. Zur Zielgruppe gehören Unternehmen, die ihren Geschäftspartnern etwas Besonderes bieten möchten und diesen exklusiven Service angemessen bezahlen. Wie konnte diese Leistung wirkungsvoll vermarktet werden?

**Lösung:**
Die Herausforderung bestand darin, den VIP-Liner im Kopf des Kunden eindeutig zu positionieren. Unsere Recherche ergab, dass andere Busunternehmen ähnlich beschaffene Fahrzeuge als *Vip-Liner* anboten. Mögen sich die Fahrzeuge auch im Detail voneinander unterscheiden, war doch nicht zu erwarten, dass ein möglicher Kunde sich die Mühe macht, die Listen der Ausstattungsmerkmale akribisch miteinander zu vergleichen, um unserem Unternehmen den Vorzug zu schenken. Und selbst wenn doch – wer garantierte, dass nicht früher oder später ein Konkurrent mit einem identischen oder gar noch besser ausgestatteten Modell aufwarten konnte?

**... kann nur der Ausdruck für ein ganzheitliches Konzept sein**

Wir mussten die Einzigartigkeit erkennbar herausstellen und unseren *VIP-Liner* in eine Premium-Marke verwandeln. Zunächst analysierten wir die Stärken des Unternehmens und bestimmten eine klare Zielgruppe. Danach führten wir eine Wettbewerbsanalyse durch und bestimmten unsere Positionierung. Wir erarbeiteten die strategischen Erfolgspositionen und stimmten das Leistungsportfolio exakt auf die Bedürfnisse unserer Wunschkunden ab. Gemeinsam mit den engagierten Mitarbeitern entwickelten wir das Markenleitbild, aus dem sich fast zwangsläufig die erforderlichen Maßnahmen ableiteten. Der *VIP-Liner* war nun nicht mehr Kern der angebotenen Leistung, sondern sichtbarer Teil eines schlüssigen Gesamtkonzeptes zur Personenbeförderung auf höchstem Qualitätsniveau. Man bot dem Fahrgast nicht mehr den Personentransport, sondern eine außergewöhnliche Er-Fahrung, in deren Mittelpunkt die herausragende *„FahrGastFreundschaft“* des ganzen Teams stand.

**Von der Personenbeförderung zur *FahrGastFreundschaft***

Hier musste eine klare Abkoppelung vom universellen Touristikgeschäft erfolgen. Wir ersetzten den generischen Begriff *VIP-Liner* durch eine neue, eigenständige Bezeichnung. Aus

**Ein neuer Name**

dem im Leitbild verankerten Anspruch des herausragenden Erlebnisses (engl. superior experience), wurde in einer kreativen Wortverschmelzung das Kunstwort „*Superiance*". Der Begriff wurde markenrechtlich geschützt und durch einen Claim unterstützt. *Superiance*, der VIP-Travel-Service wurde aus dem Touristikunternehmen herausgelöst und als eigene Marke etabliert. Nun wurden die Bereiche Leistung, Erscheinungsbild und Verhalten sukzessive weiterentwickelt.

**Der visuelle Auftritt ...**

In einem anspruchsvollen Design in Nachtblau und Gold, das ihren gehobenen Anspruch unterstreicht, präsentiert sich die Marke in Printmedien und im Internet. In einem unternehmensinternen Workshop wurden, gemeinsam mit den Mitarbeitern, die Leistungen bis in die kleinsten Details beleuchtet und nach Steigerungsmöglichkeiten gesucht. Wir initiierten einen kontinuierlichen Verbesserungsprozess, der sicherstellte, dass auch dem anspruchsvollsten Fahrgast ein unvergleichlicher Service geboten wird, und im Team sprudelten die Ideen hervor. Durch gezielte Kooperationen mit Hotels, Cateringunternehmen und Eventagenturen wurde das angebotene Leistungsspektrum immer weiter ausgebaut und verfeinert. Das *Superiance*-Leistungsportfolio umfasst heute die Personenbeförderung, das Catering auf höchstem Niveau und einen ausgeklügelten Organisationsservice für Events. Der Kunde kann sich von einer breiten Palette von Veranstaltungen und Ausflugszielen inspirieren lassen. Ausländische Fahrgäste werden mit Rücksicht auf kulturspezifische Besonderheiten behandelt und verköstigt. So werden auf Wunsch vegetarische Mahlzeiten oder koschere Speisen als Bordverpflegung angeboten. Der Kunde kauft nicht mehr den Transport von A nach B, sondern die Sicherheit einer perfekt organisierten und durchgeführten Erlebnis-Reise. Das *Superiance*-Team läuft zur Höchstform auf, und mit jedem durchgeführten Auftrag werden Erkenntnisse gewonnen, die die ausgefeilten Leistungen weiter verfeinern. Heute ist *Superiance* eine erfolgreiche, stark nachgefragte Marke und zählt namhafte Unternehmen zu seinen Kunden.

**... die Leistung und das Verhalten auf dem Prüfstand**

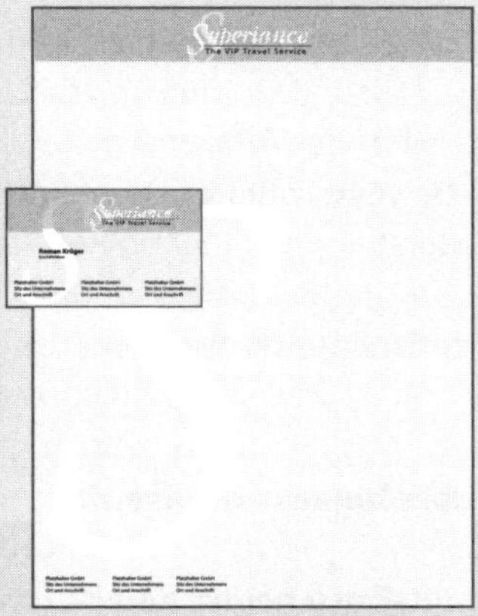


**Planung und Realisation: Die Marke Superiance**

Braintool:
*Denken + machen*

*Braintool:*
## *So werden Sie für Ihre Wunschkunden attraktiv*

Prüfen Sie anhand der folgenden Fragen, wie Sie Ihre Attraktivität für Ihre Zielgruppe steigern können.

1. Wer sind Ihre Wunschkunden und welche Gemeinsamkeiten haben sie?

2. Unter welchen „Schmerzen" (Problemen) leiden Ihre Wunschkunden?

3. Welches der Probleme ist für die Zielgruppe besonders dringend oder bedrohlich?

4. Ist der Zielgruppe dieses Problem bewusst, oder muss erst das Bewusstsein dafür geschaffen werden?

5. Welchen Beitrag können Sie zur Lösung dieser Probleme leisten?

6. Welchen Nutzen können Sie darüber hinaus erbringen?

7. Wer entscheidet über den Kauf? Sind Entscheider und Verwender identisch?

8. Wie müsste Ihr Sortiment aussehen, um Sie noch attraktiver zu machen?

9. Passen die bisherigen Erkenntnisse zu Ihrem gegenwärtigen Marktauftritt?

10. Wie können Sie die bisherigen Erkenntnisse in drei Sätzen zusammenfassen?

*Braintool:*
## *So schauen Sie Ihrer Konkurrenz auf die Finger*

Um sich wirkungsvoll positionieren zu können, müssen Sie Ihre Konkurrenz kennen.

**Braintool:**
***Denken + machen***

1. **Verantwortlichkeit klären**
   Wettbewerbsbeobachtung ist keine einmalige Aufgabe, sondern ein dauerhafter Prozess. Klären Sie deshalb, wer in Ihrem Unternehmen dafür zuständig ist.

2. **Vergleichbarkeit vermeiden**
   Wenn Ihnen ein Konkurrent in Ihrer Positionierung zu nahe kommt, müssen Sie handeln. Welche Möglichkeit der Differenzierung gibt es, um sich „freizuschwimmen"? Denken Sie daran: Vergleichbarkeit senkt die Rendite.

3. **Lernchancen wahrnehmen**
   Sehen Sie im Wettbewerb nicht nur die Behinderung oder Bedrohung. Sehen Sie in ihm auch den kostenlosen Unternehmensberater, der Ihnen (unfreiwillig) wertvolle Anregungen bietet.

4. **Marktschwellen beobachten**
   Wie hoch ist die Markteintrittsschwelle in Ihrem Segment? Ist für den Markteintritt viel Geld notwendig? Bedarf es speziellen Know-hows? Bestehen immaterielle Schranken wie Zertifizierungen oder Zulassungen? Welche Möglichkeiten haben Sie schon heute, sich gegen Newcomer zu wehren? Fragen Sie andererseits, welche Chancen sich in neuen Nischenmärkten für Sie bieten.

5. **Intelligente Kooperationen**
   Prüfen Sie, ob es wirklich unumgänglich ist, einen kräftezehrenden Konkurrenzkampf zu führen. Wo bringt Sie intelligente Kooperation weiter als gnadenlose Konfronta-

tion? Welche Chancen bieten gemeinsame Projekte oder Nischenstrategien mit Kooperationspotenzialen?

6. **Friedliche Koexistenz**
   Wenn Sie keine Grundlage für eine Zusammenarbeit finden, können Sie vielleicht Abkommen treffen, die die Konkurrenzsituation entschärfen und Ihre Ressourcen schonen.
   Das könnte beispielsweise das Respektieren des „gegnerischen Hoheitsgebietes" sein. Halten Sie sich so den Rücken frei, um sich auf das Wesentliche zu konzentrieren.

*Braintool:*
## *So werten Sie Ihre Konkurrenzanalyse aus*

Verdichten Sie die durch die Wettbewerbsanalyse gewonnenen Informationen auf die folgenden zehn Kriterien, um sich ein Bild Ihrer Marktsituation zu machen.

**Braintool:**
***Denken + machen***

1. Wie kann die Marktgeltung der jeweiligen Unternehmen bewertet werden?

2. Welche wirtschaftlichen Rahmenbedingungen sind erkennbar?

3. Wird das Unternehmen eher kundenorientiert oder eher bürokratisch geführt?

4. Wie steht es um die Lösungskompetenz und den Umfang des Sortiments?

5. Wie innovativ sind das Unternehmen und seine Produkte?

6. In welchem Preissegment ist das Unternehmen angesiedelt?

7. Welche Positionierungsstrategie ist erkennbar?

8. Wie professionell stellt sich das Unternehmen in der Öffentlichkeit dar?

9. Welches Konkurrenzunternehmen kommt uns in der Positionierung am nächsten?

10. Welche mögliche Position ist noch nicht besetzt?

Bei der Beantwortung dieser Fragen sollten Sie sich nicht akribisch in die kleinsten Details versteigen. Für uns ist es wichtig, ein überschaubares Bild von unseren Wettbewerbern zu gewinnen, das uns eine Einschätzung und die eigene Standortbestimmung ermöglicht. Setzen Sie hierbei die Kundenbrille auf: Wie wirkt dieses Unternehmen auf den Nichtfachmann? Fassen Sie Ihre Erkenntnisse in wenigen Sätzen zusammen.

# *The Big Idea – Führen mit Visionen*

## *Wie Sie das Leitbild für Ihre Unternehmensmarke entwickeln*

**Das Geheimnis des Erfolgs von *Dell Computer***

Vor einigen Jahren gab es in den Vereinigten Staaten eine Studie, um die 50 erfolgreichsten amerikanischen Manager der letzten fünf Jahre zu ermitteln. Auf einem der ersten Ränge befand sich Michael Dell, der Gründer von *Dell-Computer*, dem größten Computerhersteller der Welt. Als er von Journalisten gefragt wurde, was denn das Geheimnis seines beeindruckenden Erfolges sei und welchen Rat er dem Nachwuchs geben könne, antwortete er mit einem Satz: „Wir wissen, wer wir sind und was wir tun."

**Mancherorts herrschen divergente Ansichten über den „Reason of Being"**

Das Verblüffende an der Antwort ist ihre scheinbare Trivialität. Man ist geneigt, beides als im Unternehmen bekannt vorauszusetzen – leider nicht immer zu Recht. Die Praxis zeigt, dass mancherorts durchaus recht divergente Ansichten darüber herrschen, wer man sei und was man tue. Während meiner Arbeit erkannte ich, dass viele Chefs zu Recht stolz auf die Qualität ihrer Produkte und die Leistungsfähigkeit ihres Unternehmens sind, sich aber nicht wirklich die Zeit dafür nehmen, um bewusst an dessen Identität zu arbeiten – ja sie nicht einmal konkret verbalisieren können.

**Erst der Inhalt, dann die Form**

Nicht selten geschah es, dass wir mit der Entwicklung eines neuen Erscheinungsbildes beauftragt wurden, sich aber während des Briefings herauskristallisierte, dass der eigentliche Engpass in der fehlenden Orientierung und der internen Kommunikation des Unternehmens zu sehen war. Ein neues Logo zu gestalten, ohne den Mitarbeitern klarzumachen, worin Selbstverständnis und Intentionen des Unternehmens liegen, ist eine rein kosmetische Maßnahme und gleicht dem Versuch, ein rostiges Rohr bunt anzustreichen.

Bei einem Branding-Projekt sprach ich mit den vier Geschäftsführern eines neu gegründeten Unternehmens aus der Bauindustrie über das zu gestaltende Erscheinungsbild. Auf meine Frage, was denn das Kerngeschäft des Unternehmens sei, antwortete mir einer von ihnen präzise. Darauf blickten die anderen ihn überrascht an, da sie eine gänzlich andere Antwort erwartet hatten. Das anschließende Gespräch machte deutlich, dass man alle rechtlichen Aspekte und Vertragsfragen detailliert geklärt hatte und notariell beglaubigen ließ, aber die eigentliche strategische Ausrichtung des Unternehmens als allgemein bekannt erachtet und stillschweigend vorausgesetzt hatte. Eine Fehleinschätzung.

Ein anderes Mal entdeckte ich auf dem Flur zum Besucherraum eines international tätigen Maschinenbaubetriebs einen kopierten A4-Zettel an der Wand, auf dem zu lesen war: „Wir wollen in unserem Bereich die Innovativsten sein und im internationalen Wettbewerb an der Spitze stehen.“ Sechs Minuten später reichte mir der Geschäftsführer bei der Begrüßung seine Visitenkarte, die noch eine vierstellige Postleitzahl trug.

Was fehlt hier? Es fehlt das Verständnis des Unternehmens als Marke mit einer glasklaren Botschaft, aus der sich zwingend Konsequenzen für Leistung, Erscheinungsbild und Verhalten ergeben.

## *Das Leitbild als Leuchtturm*

**85 Prozent der größten deutschen ...**

Im Jahre 1999 legte das Beratungsunternehmen *KPMG* eine Studie zum Thema Unternehmensleitbild vor, die in Zusammenarbeit mit dem Lehrstuhl für Unternehmensführung an der *Universität Erlangen-Nürnberg* entstanden war. Das Ergebnis: 85 Prozent der 1.000 größten deutschen Unternehmen verfügen über ein schriftliches Unternehmensleitbild. Laut einer Befragung aus dem Jahr 2000, die von *PricewaterhouseCoopers* in Zusammenarbeit mit dem Institut für Wirtschaftsethik der Universität St. Gallen realisiert wurde, besitzen 92 Prozent der TOP-500-Unternehmen in der Schweiz ein schriftlich formuliertes Leitbild. Die meisten davon sind in den neunziger Jahren entstanden. Die

**... und 92 Prozent der größten Unternehmen in der Schweiz besitzen ein Leitbild**

Global Player haben also schon länger erkannt, wie wichtig es ist, die Energien und Ressourcen in den Unternehmen auf ein klares Ziel auszurichten und den Mitarbeitern damit die Chance zur Identifikation zu bieten.

Und der Mittelstand? Wie steht es in Ihrem Unternehmen? Können Sie in fünf Sätzen sagen, wohin die Reise gehen soll, wo Sie in fünf oder zehn Jahren stehen wollen? Und Ihre Mitarbeiter? Sehen die das auch so? Sind alle Energien auf das gemeinsame Ziel ausgerichtet?

**Die Werte des Unternehmens**

Alle erfolgreichen Menschen tragen die Vorstellung einer idealen Zukunft als Bild in sich. Aus der Vision der Führung sollte ein Leitbild entstehen, das im Regelfall mit der Unterstützung eines erfahrenen externen Beraters als „Hebamme" erarbeitet und ausformuliert wird. Das Leitbild spiegelt die Werte der Unternehmensmarke wider und besitzt Leit- und Kontrollfunktion für das Handeln und Auftreten aller Angehörigen.

## *Wie muss ein Leitbild beschaffen sein?*

Bezüglich der inhaltlichen oder formalen Struktur eines Leitbildes gibt es keine einheitlichen Standards. Allerdings haben sich in der Praxis Methoden bewährt, den Entstehungsprozess zu gestalten. Ein Leitbild sollte, um seiner Aufgabe gerecht zu werden, fünf grundsätzliche Kriterien erfüllen:

**Fünf wesentliche Kriterien**

- Es drückt aus, wer Sie sein und was Sie tun wollen. Das Tun ist die Folge des Seins.

- Es muss zum Unternehmen passen und dessen Wertvorstellungen zum Ausdruck bringen.

- Das angestrebte Ideal muss im Bezug zu den maßgeblichen Gruppen, nämlich Mitarbeitern, Kunden, Partnern, Lieferanten, Investoren etc. stehen. Denken Sie an die Probleme Ihrer

Zielgruppe. Was bedeutet es für die beteiligten Menschen, wenn wir unser Ideal erreichen?

- Es muss mit einer gewichtigen Herausforderung, dem Erreichen eines Zieles oder eines Standards verknüpft sein. Es muss der Ansporn entstehen, das Beste zu geben.

- Es muss so kurz, klar und einfach formuliert sein, dass jeder Mitarbeiter es versteht.

**Konvergenz schafft Profit**

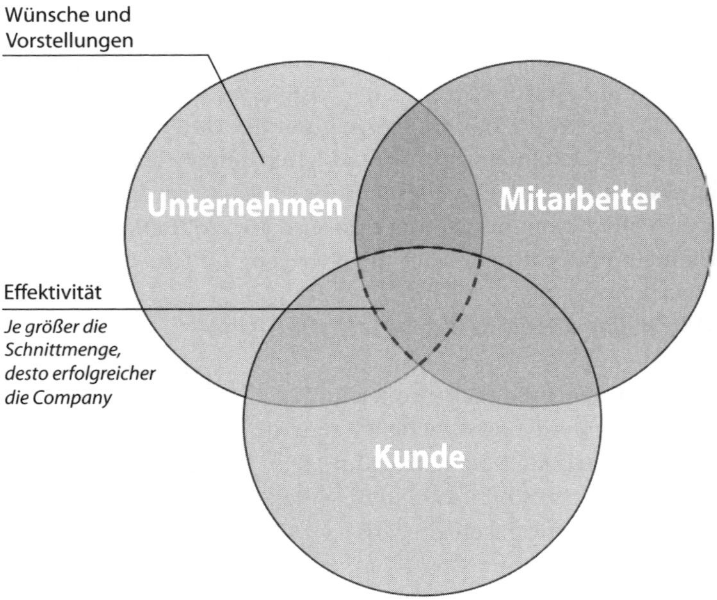


*„Die Aufgabe der Führung ist es, den Mitarbeitern eine Vision zu geben. Das ist die allerbeste Motivation."*

*Wendelin Wiedeking Vorstandschef der Porsche AG*

Formulieren Sie Ihr Leitbild so, dass es konkrete Maßstäbe für Verhalten und Entscheidungen Ihrer Mitarbeiter bietet. Leiten Sie Leitsätze daraus ab, schaffen Sie eine Kurzfassung, ein Motto, das die Sache inhaltlich auf den Punkt bringt. Hier mündet der übergeordnete Anspruch in konkrete Handlungskonsequenzen und verdichtet sich schließlich zur Kernaussage in wenigen Worten.

Sie werden erkennen, dass der Prozess genau so wichtig ist wie das Produkt und dass die Verbalisierung der Identität eine wertvolle Gelegenheit für die Beteiligten darstellt, wohlüberlegt und explizit nach innen und nach außen zu dokumentieren, was das Unternehmen sein will. Teilen Sie Ihre Vision mit der Welt und stehen Sie dazu, damit auch die Welt zu Ihnen stehen kann.

## *Wie ein Leitbild entsteht*

**Wie lautet Ihre Botschaft?**

Sie haben Ihre Positionierungsstrategie erarbeitet, sich mit Ihren Stärken und den Bedürfnissen Ihrer Zielgruppe beschäftigt und Ihre Konkurrenten analysiert. Wie lautet nun die Botschaft Ihres Unternehmens?

**Seien Sie realistisch, aber anspruchsvoll**

Entwerfen Sie kein unrealistisches Phantasiegebilde, aber seien Sie auch nicht zu bescheiden. Ein blutarmes „Lightbild" besitzt keine Strahlkraft, um Begeisterung und Energien freizusetzen. Seien Sie inhaltlich konkret und anspruchsvoll. Ein guter Schuss Idealismus ist bei der Formulierung durchaus angebracht.

Damit es nicht zur schöngeistigen Unternehmenskosmetik verkümmert, muss das Leitbild von allen Mitarbeitern mitgetragen und mit Leben erfüllt werden. Das funktioniert aber nur, wenn den Mitarbeitern die Möglichkeit der Mitgestaltung eingeräumt wird. Ohne Mitgestaltung gibt es keine echte Verbindlichkeit, geschweige denn Identifikation.

**Beziehen Sie Ihre Mitarbeiter mit ein**

Bei der Leitbild-Entwicklung hat sich ein Mix aus „Top-down" und „Bottom-up-Ansatz" bewährt. Die Führung gibt einen Leitbild-Entwurf vor und die Mitarbeiter werden bei der Weiterentwicklung mit einbezogen.

**Worauf kommt es Ihren Mitarbeitern an?**

Hierzu werden die Mitarbeiter zunächst – am besten durch einen externen Berater – nach Ihren Wünschen, Vorstellungen und Präferenzen befragt. Was ist ihnen in ihrer Arbeitswelt wichtig? Ein gutes Betriebsklima? Die Arbeitsbedingungen? Gute Fortbildungsmöglichkeiten, Mitspracherecht, Aufstiegsmöglichkeiten oder ein gutes Gehalt am Monatsende? Hier gilt es, Prioritäten zu setzen. Die Befragung wird schriftlich und anonym durchgeführt. Es lohnt sich, bei dieser Gelegenheit auch nach dem Stand der derzeitigen Zufriedenheit zu fragen. So erhalten Sie eine Momentaufnahme der allgemeinen Arbeitsplatzzufriedenheit. Die Ergebnisse werden übersichtlich in einem grafischen Diagramm dargestellt. Das schafft Überblick, Klarheit und zeigt deutlich die neuralgischen Bereiche auf.

**Nutzen Sie einen Moderator**

Die gewonnenen Erkenntnisse fließen in die Leitbildentwicklung ein. In einem Workshop wird das Leitbild von der Führung inhaltlich erarbeitet und geformt. Die Moderation eines versierten externen Beraters ist hier von großem Wert, da er über den notwendigen schöpferischen Abstand verfügt, der es ihm ermöglicht, den Prozess durch unbefangenes Fragen zu führen und zu moderieren.

## *Dringen Sie zum Markenkern vor*

Stellen Sie sich im Führungskreis die sieben „Magischen Fragen", die Sie am Ende dieses Kapitels finden, und beantworten Sie diese.

*„Der beste Weg, die Zukunft vorauszusehen, ist der, sie zu erfinden."*

*Josef Schmidt Unternehmensberater und Gründer des Schmidt Colleg*

Nutzen Sie diese Chance sorgfältig. Wenn es Ihnen gelingt, hier überzeugende Antworten zu finden, haben Sie den entscheidenden Schritt zur Brand Identity vollzogen und schaffen deutliche Distanz zum Wettbewerb. Aus der Essenz Ihrer Antworten entsteht der Markenkern und damit das Leitbild Ihres Unternehmens. Der fertige Entwurf wird nach sorgfältiger Abwägung zunächst im Führungskreis verabschiedet. Ein Exemplar wird von allen Beteiligten feierlich unterzeichnet. Das ist ein wichtiges, Bewusstsein förderndes Ritual, das den bisherigen Prozess krönt. Das Ergebnis wird allen Mitarbeitern, je nach Unternehmensgröße, direkt oder „kaskadenförmig“ vorgestellt und erläutert. Eine zweite schriftliche (dieses Mal namentliche) Befragung stellt die allgemeine Akzeptanz des Leitbilds bei den Mitarbeitern sicher.

Schaffen Sie eine Vision, mit der sich die Menschen in Ihrem Unternehmen identifizieren können, und sehen Sie alles, was Sie tun, als Beitrag zum Ganzen. Vermitteln Sie diese Betrachtungsweise auch Ihren Mitarbeitern und Sie sind ein riesiges Stück vorangekommen.

**Schaffen Sie Klarheit: *ja* oder *nein* anstatt *vielleicht***

Ich habe bei der Entwicklung von Leitbildern beobachtet, wie der Prozess alle Beteiligten zur Klarheit zwingt und unterschwellige divergente Entwicklungen im Unternehmen offen legt. Mitarbeiter und Führungskräfte müssen Farbe bekennen, „ja“ oder „nein“ sagen, anstatt „vielleicht“. Führungskräfte geben Macht ab, denn auch sie müssen sich am Leitbild messen lassen. Bremser und Partisanen im Unternehmen werden offenbar und müssen sich dem Gespräch stellen. Veränderungen werden beschleunigt und führen zu Klarheit und Eindeutigkeit.

**Auf die Saat folgt die Ernte**

Der Prozess ist mit Mühe und Aufwand verbunden, aber Sie werden sehen, dass auf Ihre Investition eine reiche Rendite folgt. Sie werden Ihren Erfolg kaum verhindern können, denn – um mit Michael Dell zu sprechen: Sie selbst, Ihre Mitarbeiter, Partner und Kunden werden wissen, wer Sie sind und was Sie tun.

Beispiele:

**IKEA**
*„Wir wollen ein breites Sortiment formschöner und funktionsgerechter Einrichtungsgegenstände zu Preisen anbieten, die so günstig sind, dass möglichst viele Menschen sie sich leisten können.“*
Incvar Kamprad, Gründer von *IKEA*

Die Kernaussage ist in einem einzigen Satz verdichtet. In ihrer Markenphilosophie konkretisieren die Schweden ihren Markenkern über die Dimensionen Form, Funktion und Preis. Das Streben nach „klugen Lösungen" wird herausgestellt und der Partnerschaftsgedanke mit Herstellern, Lieferanten und Designern unterstrichen.

Schließlich wird der Schulterschluss mit dem Kunden hervorgehoben, der durch seinen Beitrag die Preiswürdigkeit erst ermöglicht.

Schauen Sie sich das Bilderbuch-Leitbild auf der *IKEA*-Homepage an (*IKEA.de*).

**Ravensburger**

*„Wir werden Qualitätsführer in unseren Märkten.*
*Mit unseren Geschäftsfeldern stehen wir an der Spitze.*
*Als erfolgreiche europäische Unternehmensgruppe wollen wir unabhängig bleiben.*
*Mit unseren erstklassigen Produkten und Dienstleistungen für Unterhaltung und Bildung fördern wir die Selbstentfaltung sowie Kommunikation und Zusammenarbeit in Familie und Gesellschaft.*
*Bei uns übernehmen Führungskräfte und Mitarbeiter gemeinsam die Verantwortung für die materielle und geistige Leistung und werden beteiligt an der Wertschöpfung des Unternehmens."*

Die „Vision 2010" des Spiele-Spezialisten besticht durch Klarheit und Prägnanz. Die Unternehmensziele sind konkretisiert und transportieren deutlich die Werte und den Selbstanspruch des Unternehmens. Gleiches gilt für die Einbindung der Bezugsgruppen und die Bereitschaft, gesellschaftlich Verantwortung zu übernehmen.

*Braintool:*
## *Die „Sieben magischen Fragen" zum Markenkern*

Die Beantwortung der folgenden sieben Fragen führt Sie zum Markenkern Ihres Unternehmens. Diskutieren Sie diese Fragen im Führungskreis mit einem geeigneten externen Moderator.

**Braintool:**
***Denken + machen***

1. Wer sind wir?

2. Welche Lücke schließen wir?

3. Wem nützen wir?

4. Worauf können wir stolz sein?

5. Wer oder was wollen wir für unsere Kunden sein?

6. Wo wollen wir hin?

7. Wir werden erfolgreich sein, weil …
   (Vollenden Sie diesen Satz)

Formulieren Sie Ihre Antworten so knapp und eindeutig wie möglich. Der gesamte Text sollte auf einer einzigen DIN A4 Seite Platz finden.

*Braintool:*
## *So entfaltet Ihr Unternehmensleitbild seine Kraft*

**Braintool:**
***Denken + machen***

1. **Seien Sie konkret**
   Vermeiden Sie Allgemeinplätze und Sprechblasen. Ihr Leitbild sollte kurz, prägnant und vor allem verständlich formuliert sein. Es muss die Philosophie der Unternehmensmarke so eindeutig und präzise wie möglich ausdrücken.

2. **Stellen Sie den Nutzen in den Fokus**
   Das Leitbild orientiert sich am Nutzen, den es für seine Bezugsgruppen (Mitarbeiter, Kunden, Lieferanten, Partner, Investoren etc.) stiftet.

3. **Seien Sie nicht zu bescheiden**
   Ein Leitbild soll Sinn stiften und Energien frei setzen. Es soll motivieren und Identifikation bieten. Seien Sie also nicht zu bescheiden – ein guter Schuss Idealismus ist durchaus erlaubt.

4. **Binden Sie Ihre Mitarbeiter ein**
   Ihr Leitbild muss von den Mitarbeitern mitgetragen werden. Das funktioniert aber nur, wenn Sie Ihren Mitarbeitern die Möglichkeit der Mitgestaltung einräumen. Ohne Mitgestaltung gibt es keine Verbindlichkeit.

5. **Nutzen Sie die Erfahrung von Profis**
   Arbeiten Sie bei der Entwicklung mit einem erfahrenen Berater zusammen. Er kann Ihnen wertvolle fachliche Hilfe bieten, moderieren und dafür sorgen, dass die Mitarbeiter das Leitbild nicht als „von oben verordnet" oder „übergestülpt" empfinden.

6. **Setzen Sie keine zu engen Grenzen**
   Beziehen Sie sich nicht auf eine Technik oder ein Produkt, das in einigen Jahren möglicherweise veraltet ist. Orientieren Sie

Ihr Leitbild an der Befriedigung von Grundbedürfnissen, die gültig bleiben.

7. **Seien Sie ein gutes Beispiel**
   Die Geschäftsleitung und die Führungskräfte müssen voll und ganz hinter dem Leitbild stehen und es mit Leben erfüllen. Lassen Sie sich selbst daran messen und führen Sie durch die Macht des Vorbildes.

8. **Fordern Sie Commitment ein**
   Fordern Sie ein klares Bekenntnis von Ihren Mitarbeitern. Erläutern Sie Bewerbern Ihr Leitbild bereits beim Vorstellungsgespräch und klären Sie deren Bereitschaft es mitzutragen.

9. **Seien Sie konsequent**
   Das Leitbild dient als Vorgabe für Entscheidungen in den Bereichen Erscheinungsbild, Leistung und Verhalten Ihres Unternehmens. Bestehen Sie auf Konsequenz in der Umsetzung.

10. **Bekennen Sie sich zu Ihrem Leitbild**
    Jeder Mitarbeiter erhält sein eigenes Exemplar. Hängen Sie Ihr Leitbild in Ihren Geschäftsräumen auf und veröffentlichen Sie es auf Ihrer Homepage. Zeigen Sie jedem, dass Sie sich zu Ihrem Leitbild bekennen und dass Sie sich daran messen lassen.

# Worte schaffen Wirklichkeit

## *Wie Sie den richtigen Markennamen finden*

Vor einigen Jahren führten die beiden amerikanischen Marketingfachleute Al Ries und Jack Trout eine interessante Untersuchung an einer amerikanischen Universität durch: Sie zeigten männlichen Studenten Aufnahmen von jungen Frauen und fragten, wie anziehend sie diese einstufen würden. Nachdem sie zwei Damen herausgefunden hatten, die als gleich attraktiv bewertet wurden, gaben sie jeder der beiden einen Namen. Die eine bekam den jugendlich-attraktiven Namen *Jennifer*, die andere wurde eher bieder-konservativ *Gertrud* getauft. Nun wurde eine neue Gruppe von Studenten befragt, ob *Jennifer* oder *Gertrud* die Hübschere sei. Das Ergebnis: Rund 80 Prozent der Befragten fanden *Jennifer* attraktiver, nur rund 20 Prozent entschieden sich für *Gertrud*. Ein Zufall?

***„Die wichtigste Marketing-Entscheidung, die Sie treffen, ist die Wahl des Namens für Ihr Produkt."***

***Al Ries amerikanischer Markenspezialist***

**Namen wecken Erwartungen**

Die amerikanischen Psychologieforscher Dr. John McDavid und Dr. Herbert Harati untersuchten in einem Experiment die Auswirkung von Namen auf die Bewertung von Leistungen. In einem Experiment wurden 80 erfahrenen Lehrern Aufsätze zur Bewertung vorgelegt. Ein Teil der Arbeiten stammte vorgeblich von Kindern mit den attraktiven Namen *David* und *Michael*, ein anderer Teil von Verfassern mit den unpopulären Namen *Hubert* und *Elmar*. Das Ergebnis: Obwohl faktisch kein Unterschied in der Qualität der Arbeiten bestand, wurden die Aufsätze von *David* und *Michael* signifikant besser bewertet als die der anderen beiden Verfasser. Um sicher zu gehen, wurde das Experiment mit 80 Studenten wiederholt und siehe da: Das Ergebnis wurde bestätigt. Die beiden Professoren schlussfolgerten: Die Lehrer ahnten aus Erfahrung, dass es ein *Hubert* oder ein *Elmar* im Leben nicht leicht haben würde und dass er in der Regel ein Versager sei – eine selbsterfüllende Prophezeiung.

**Worte lenken Entscheidungen**

Bei einer ähnlichen Studie befragte man Ärzte zu ihrer Entscheidung in einer kritischen medizinischen Situation. Die eine Hälfte der Chirurgen wurde gefragt: „Würden Sie operieren, wenn Ihr Patient mit zehnprozentiger Wahrscheinlichkeit sterben würde?" Die meisten der befragten Ärzte verneinten vehement. Die Frage an den zweiten Teil lautete: „Würden Sie operieren, wenn Ihr Patient mit neunzigprozentiger Wahrscheinlichkeit überlebte?" Hier stimmte der überwiegende Teil der Befragten zu.

**Worte schaffen Wirklichkeit**

Wir sehen, dass Worte einen beträchtlichen Einfluss auf unsere Wahrnehmung und damit auf unsere Entscheidungen besitzen, oder wie es der österreichische Wirklichkeitsforscher Paul Watzlawick formulierte:

***„Worte beschreiben die Realität nicht nur, sie erschaffen sie auch".***

Jedes Wort erzeugt eine gedankliche Vorstellung und macht das Immaterielle konkret und begreifbar. Worte drücken unsere Gedanken aus und sind die Schnittstelle zwischen unserer Vorstellung und der Welt. So bezeichnen die Griechen mit „Logos" zugleich das Wort und den Sinn.

## *Die wichtigsten Worte sind Namen*

**Es werden immer neue Worte erfunden ...**

Namen besitzen eine schöpferische Macht, denn sie öffnen eine Schublade in unseren Köpfen und füllen sie mit Bedeutungsinhalten. Namen sind Botschaften. Erst wenn etwas einen Namen besitzt, existiert es in unserer Vorstellung und kann mit einer Bedeutung verknüpft werden. Wir benutzen heute zahlreiche Namen, die vor einigen Jahren in unserem Sprachgebrauch noch gar nicht existierten: *Infotainment, Daily Soap, El Nino, Intranet, Solidaritätsbeitrag, Clienting, Reality TV*, alles Begriffe, die heute für etwas stehen.

**... die unsere Wahrnehmung konditionieren.**

Um zu erleben, wie jedes Wort eine Gefühl anschubst, schauen Sie sich die Bilder, die beim Hören folgender Namen in Ihrem

Kopf entstehen, einmal bewusst an: *Waldsterben, Gefrierbrand, Gewinnwarnung, Verwöhn-Aroma, Gotteskrieger, Kompetenzteam* ... Was wollten die Wortschöpfer damit wohl erreichen? Namen konditionieren unsere Wahrnehmung.

**Die Wahl des Namens determiniert den Erfolg**

Wir haben bereits davon gesprochen, dass die Global Player Millionen in ihren Namen investieren und dass ein gut eingeführter Markenname gigantische Summen wert sein kann. Was aber macht einen guten Namen aus? Wie kommt er zu Stande? Fest steht: Die Auswahl des richtigen Namens für Ihr Unternehmen oder Ihr Produkt determiniert seinen Erfolg.

Eine Studie der *Hochschule für Unternehmensführung* und des *Vereins Deutscher Ingenieure (VDI)* ergab, dass von etwa eintausend befragten Unternehmensgründern fünfzig Prozent ihren Firmennamen weder getestet noch schutzrechtlich geprüft haben. In der Folge musste ein Viertel davon ihren Namen noch im ersten Jahr ändern, mit erheblichen Kosten, versteht sich.

***„Produkte kann man nachahmen – geschützte Marken nicht."***

***Endmark AG***

Konzerne investieren hohe Summen in die richtige Wahl ihrer Markennamen und gehen damit auf Nummer sicher. Die Kosten für professionelles Brandnaming können bei einer Spezialagentur durchaus bei 50.000 EUR liegen. Mit etwas Kreativität kann Ihnen der große Wurf aber auch selbst gelingen.

## *So finden Sie den richtigen Namen für Ihre Marke*

**Die Zahl der verfügbaren Begriffe verringert sich**

Dass die Zahl der freien verfügbaren Begriffe immer geringer wird, ist angesichts der rund 67.000 Markenanmeldungen allein 2001 beim *Deutschen Patent- und Markenamt (DPMA)* nicht weiter erstaunlich. Eine Recherche nach freien Domainnamen wird diesen Eindruck noch deutlich unterstreichen. Anfang 2003 sprengte die Zahl der reservierten .de-Domains die Sechsmillionengrenze. Dazu kommt, dass der Trend zur Globalisierung und die neuen Medien heute höhere Anforderungen an den Markennamen stellen als jemals zuvor – eine echte Herausforderung also.

**Viele Namens-Ideen führen zu wenigen brauchbaren Möglichkeiten**

Die Vorgehensweise bei der Namensfindung (Brandnaming) kann man sich wie einen Trichter vorstellen: Oben kommen alle Ideen und Vorschläge rein und unten kommen einige wenige brauchbare Möglichkeiten heraus. Sie werden sehen, Sie müssen viel Rohmaterial sammeln, um eine Auswahl an akzeptablen Lösungen zu gewinnen.

Beginnen Sie mit einem Brainstorming, indem Sie alle Namensvorschläge kritiklos sammeln und auf ein Flipchart schreiben. Machen Sie einen Gedankenspaziergang durch das Thema und befassen Sie sich intensiv mit den unterschiedlichen Interpretationsmöglichkeiten, ohne sich durch kritische Betrachtungen zu limitieren.

**Nutzenorientierte Namen**

Prüfen Sie die Möglichkeit, einen Nutzen orientierten Namen einzusetzen. Solche Namen sind selbst erklärend, implizieren den Hauptnutzen und rufen sofort eine positive Vorstellung beim Verbraucher hervor. Oftmals sind sie als Wortzusammenfügung (Komposita-Bildung) anzutreffen. Beispiele hierfür sind *Abflussfrei, Gehwohl, Perlweiß* und *Antibelag.*

**Eigenschafts-orientierte Namen**

Mit einem eigenschaftszuweisenden Namen stellen Sie dagegen ein besonderes Merkmal Ihres Produktes heraus. Ähnlich wie Namen, die den Nutzen betonen, erzeugen auch sie eine bestimmte positive Assoziation. Denken Sie beispielsweise an *Kuschelweich* (Weichspüler), *Softies* (Taschentücher), *Wölkchen* (Joghurt mit Sahne) oder die *Krönung* (Kaffee).

**Handlungsappell**

Eine seltenere, aber durchaus interessante Variante sind Namen mit eingebautem Handlungsappell. *Nimm zwei, Bleib gesund* oder *Du darfst.*

**Akronyme**

Eine beliebte Methode bei der Namensfindung ist das Benutzen von Anfangsbuchstaben oder -silben. Wortschöpfungen aus Anfangssilben, die so genannten Akronyme, bilden die Grundlage für bekannte Markennamen von heute. Als Hans Riegel in

Bonn Anfang der zwanziger Jahre seine Süßwarenfabrik gründete, nannte er sie *HaRiBo*. Einen ähnlichen Einfall hatte einige Jahre später der ambitionierte fränkische Sportschuh-Hersteller Adi Dassler. Akronyme begegnen Ihnen häufiger, als Sie vielleicht denken: *Persil* (Perlborat Silkat), *Sinalco* (Sine Alcohol) und *ARAL* (Aromate Aliphate).

**Neologismen**

Eine weitere Möglichkeit stellt die Schaffung von Neubildungen dar, so genannten Neologismen. Sie entstehen beispielsweise durch die Modifikation bekannter Begriffe. Solche Namen sind *Integra* oder *Lexus*. Auch die Kombination aus verschiedenen Begriffen führt mitunter zu interessanten Lösungen, wie uns der Sportwagenhersteller *Porsche* beweist: Er zauberte aus dem Mix von Roadster und Boxer(motor) den *Boxster* und hat damit eindeutig aufs richtige Pferd gesetzt. Der Frankfurter Flughafen wurde durch diese Technik zum *Fraport* und die berühmte *Swatch* war ursprünglich eine simple Swiss(made) Watch. Der Vorteil solcher Neologismen: Sie sind in der Regel leichter schutzfähig und die Wahrscheinlichkeit von Markenkollisionen ist geringer.

**Kunstnamen**

Letzteres trifft auch auf abstrakte Kunstnamen zu. Diese sind frei erfunden und weisen keine erkennbare semantische Bedeutung oder begriffliche Herkunft auf. Solche Namen sind zwar schwerer zu lernen, verfügen aber, einmal eingeführt, über eine starke Exklusivität. Beispiele hierfür: *Vectra*, *Vox* oder *Quam*.

**Subbrands**

Eine Variante der Markennamen sind „Untermarken", so genannte Subbrands. Um die Bekanntheit und Reputation der eingeführten Marke für neue Produkte zu nutzen, werden Produktlinienerweiterungen geschaffen.
Damit die Dachmarke nicht geschwächt wird, sollte die Submarke keine allzu starke Eigenständigkeit besitzen. Man greift hier oft auf beschreibende oder nutzenorientierte Namen zurück. Beispiele aus dem Konsumgüterbereich sind *Nivea Sun*, *Nivea Beauty* und *Nivea Visage*, bei Software sind es beispielsweise *Microsoft Word*, *Microsoft Excel*, *Microsoft Internet Explorer* etc.

**Namen aus Geschichte und Mythologie**

Als Inspirationsquelle für den richtigen Produkt- oder Unternehmensnamen wird gerne die griechische oder ägyptische Mythologie genutzt. Als Namensgeber für *Osiris*-Software diente die bekannte ägyptische Fruchtbarkeitsgöttin, und der Sportwaffen-Hersteller *Diana* bediente sich bei der gleichnamigen römischen Naturgöttin. Die wenigsten Sportschuhträger wissen, dass der Name *Nike* auf die griechische Göttin des Sieges zurückgeht. Der bekannte *„Nike-Swoosh"* wurde von der Designerin Caroline Davidson 1971 (für ganze 35 Dollar) entworfen und soll den Flügel der Göttin symbolisieren. Auch historische Stätten eignen sich als Namensgeber. Die Software *Delphi* entlehnte ihren Namen dem geschichtsträchtigen Ort in Griechenland und für den Pflanzendünger *Seramis* standen augenscheinlich die Hängenden Gärten der *Semiramis* Pate.

## Diese Namen sollten Sie vermeiden

**Trend- und technologieorientierte Namen**

Trendnamen oder technologieorientierte Namen sollten Sie mit Bedacht wählen, da die rasche Entwicklung in vielen technischen Bereichen nicht abzusehen ist. Möglicherweise überholt Sie die technologische Entwicklung in einigen Jahren links und Ihr Name verliert mit seiner Aktualität auch seinen Wert. *TelDaFax* beispielsweise, ist so ein Name mit eingebautem Verfallsdatum. Bei Trendnamen lauern andere Gefahren. Sie kennen die Namen mit „Dot.Com-Apeal" also mit eingebautem @-Zeichen, der Endsilbe „com" oder ähnlichen Attributen. Wie sich zeigte, kann der zugrunde liegende Trend schneller zu Ende sein als erwartet, und durch seine Assoziation leidet dann das Image der Company.

**Initialen und Abkürzungen haben geringe Aussagekraft ...**

Vorsicht auch bei Initial-Namen oder Abkürzungen wie *TCH*, *SHP* oder *BTG*. Sie sind abstrakt, schwer zu behalten und besitzen oftmals unzureichende phonetische Eigenschaften. Sie verfügen einfach nicht über die emotionale Kraft eines guten Namens, und sie sind in der Regel erklärungsbedürftig. Außerdem sind unerwartete Überschneidungen mit anderen Organisationen kaum auszuschließen. Die Buchstabenfolge *EMK* beispielsweise

**... und führen fast zwangsläufig zu Überschneidungen**

sagt an sich noch gar nichts aus und lässt sich nicht unbedingt leicht merken. Beim Eintippen des vermuteten Domain-Namens stellt der Kunde möglicherweise überrascht fest, dass er statt bei der *Elektromechanische Komponenten GmbH*, bei der *Evangelisch-Methodistische Kirche* oder der *Europa Minister Konferenz* gelandet ist.

## *Die vier Basics für Ihren Markennamen*

Berücksichtigen Sie die folgenden vier grundlegenden Erfordernisse bei der Entscheidung für einen neuen Namen:

- **Eindeutigkeit**
  Vermeiden Sie Mysterien und Zungenbrecher als Namen und behalten Sie die Sprachgewohnheiten Ihrer Zielgruppe im Auge.

- **Eigenständig**
  Lehnen Sie sich bei der Namensgebung nicht an eine bestehende Marke an, da Sie sonst verwechselt werden könnten oder als Nachahmer eines Originals empfunden werden.

- **Originalität**
  Geben Sie sich nicht mit der nahe liegenden Lösung zufrieden. Schaffen Sie etwas Originelles und Unerwartetes, das Interesse weckt und aus Ihrer Marke etwas Besonderes macht. Beispiel: Ein Parfum namens *Poison*, eine Personalagentur namens *Akut* oder eine Designergruppe mit dem Namen *„Die Gestalten"*.

- **Erweiterbarkeit**
  Engen Sie sich in der Aussage nicht zu sehr ein, damit eine spätere Erweiterung Ihres Produkt- oder Leistungsportfolios nicht mit dem Namen kollidiert. Benutzen Sie statt *Findeisen Mobilfunk* lieber *Findeisen Kommunikation.*

Prüfen Sie, inwiefern Ihre eigenen Wortschöpfungen diese Kriterien erfüllen.

## *Prüfen Sie Ihren Vorschlagspool auf seine Eignung*

Was also von Ihrem Pool an möglichen Namen jetzt noch übrig ist, wird einer sorgfältigen Prüfungsprozedur unterzogen, um die Spreu vom Weizen zu trennen:

**Phonetische Eigenschaften prüfen**

Prüfen Sie zunächst die phonetische Verständlichkeit und Anmutung Ihres Namens. Gibt es unterschiedliche Schreibweisen, oder missverständliche Betonungen? Wie klingt der Name am Telefon? Lässt sich der gehörte Name eindeutig schreiben? Das ist besonders bei Onlinemarken von Bedeutung. Der Internetbuchhändler *Amazon.de* beispielsweise bediente sich bei seiner Hörfunkwerbung der englischen Sprechweise seines Namens, worauf sich viele interessierte Hörer nach der Tastatureingabe erstaunt bei *Emerson.de* wieder fanden.

### *Anglizismen*

In einer Studie der *Endmark International Namefinding AG* wurden neue Markennamen an knapp 1.000 Verbrauchern getestet. Hierbei wurden die Namen in neutraler Schrift vorgelegt und die Befragten gebeten, sie vorzulesen und zuzuordnen. Es zeigte sich, dass Anglizismen zwar allgemein akzeptiert werden, die Menschen mit der korrekten Aussprache aber oftmals überfordert sind. Während die Bezeichnungen *e.on* (Energie) und *Versum* (Internet-Anzeigenmarkt) von 90 Prozent richtig vorgelesen wurden, hatten viele mit der Zeitschrift *Men's Health* ihre liebe Not.

**Unerwünschte Mehrdeutigkeiten vermeiden**

Auch Fallstricke in Form von unerwünschter Mehrdeutigkeit, so genannter Ambiguität, unerwartete Assoziation und Bedeutung in anderen Sprachen müssen gewissenhaft geprüft werden. Unterziehen Sie Ihre Favoriten also einem sorgfältigen Check in den für Sie wichtigsten Sprachen, am besten durch einen jeweiligen Muttersprachler.

***Volkswagen Phaeton***

Als die *Volkswagen AG* für ihr neues Premiumfahrzeug einen adäquaten Namen suchte, beauftragte man eine renommierte Brandnaming-Agentur mit dessen Entwicklung. Als der *Phaeton* der staunenden Öffentlichkeit als neues Flagschiff der *VW*-Flotte vorgestellt wurde, dauerte es nicht lange, bis die Presse feixend über die mythologische Herkunft des Namens berichtete: *Phaeton* war nämlich der Name des Gespanns des Sonnengottes *Helios*. Eines Tages borgte sich der Sohn des Helios Papas Wagen, kam infolge überhöhter Geschwindigkeit vom Weg ab und zerschellte jämmerlich auf der Erde – nicht ohne dabei die Welt in Flammen zu setzen. Seither steht *Phaeton* für den größten Verkehrsunfall in der griechischen Mythologie – und sein moderner Namensvetter wurde für den „Marketingflop des Jahres 2001" nominiert.

***Rolls Royce Silvermyst***

Auch *Rolls Royce* pflegte eine recht poetische Bezeichnung seiner Fahrzeugmodelle. Der *Silvershadow* konnte unter seinem Namen auch im deutschen Sprachraum angeboten werden, beim *Silvermyst* hätte man da fast einen Fehler gemacht. Ganz ähnlich erging es übrigens *Toyota* mit seinem Sportwagen *MR2* im französischen Sprachraum, wo das phonetische Äquivalent eine noch weniger erwünschte Assoziation erzeugt.

***Toyota MR2***

***Tchibo***

Wenn Sie *Tchibo* hören, denken Sie vermutlich an aromatischen Kaffee. In Japan steht *Tchibo* für Tod. Keine guten Voraussetzungen für einen Kaffeeröster.

***Unykat***

Auch den Spezialisten bleibt Ungemach nicht immer erspart. Eine Agentur für Namensfindung gab sich bei der Gründung den durchaus passenden und klangvollen Namen *Unykat*. Als im Laufe der Jahre die Zahl der internationalen Kunden wuchs, musste man feststellen, dass *Unykat* im Englischen nach Katzenfutter klingt und ein neuer Name gefunden werden musste. Heute heißt das Unternehmen *Endmark*.

**Verfügbarkeit der Domains checken**

Prüfen Sie auch rechtzeitig, ob die relevanten Subleveldomains (de, com, eu etc.) noch verfügbar sind. Möglichkeiten hierzu bieten zahlreiche Provider auf ihrer Website oder die jeweiligen Domainvergabestellen.

**Gegencheck beim Patent- und Markenamt**

Als nächstes folgt das K.O.-Kriterium der markenrechtlichen Schutzfähigkeit. Recherchieren Sie in der *Datenbank des Deutschen Patent- und Markenamtes (DPMA)* in München nach Namensüberschneidungen, wozu übrigens auch der phonetische Gleichklang bei unterschiedlicher Schreibweise zählt. Suchen Sie aus den 45 verfügbaren Warenklassen die für Sie relevanten heraus und arbeiten Sie Ihren Vorschlagspool durch. Das *DPMA* unterhält bundesweit zwanzig Patent-Informationszentren, wo Ihnen Fachleute bei der Recherche zu geringen Gebühren behilflich sind oder gegen Rechnung die komplette Recherche für Sie übernehmen.

**Zielgruppen-Check**

Die verbliebenen Namensvorschläge können nun auf ihre kommunikative Eignung geprüft werden. Legen Sie die Vorschläge einigen Personen Ihrer Zielgruppe vor, ohne deren Bedeutung zu offenbaren. Es geht an dieser Stelle nicht darum, die Eignung der Namen für das Produkt bewerten zu lassen, sondern darum, unerwünschte Assoziationen auszuschließen.

**Markenschutzeintrag**

Jetzt können Sie den finalen Favoriten auswählen und den Markenschutz in den relevanten Warenklassen als Unternehmen oder als Privatperson (für derzeit ca. 300 EUR) beantragen. Als eingetragener Inhaber der Marke besitzen Sie das ausschließliche Recht, die Marke für Ihre Produkte und Dienstleistungen zu nutzen oder ihre Nutzung in Lizenz zu gewähren. Als Markeninhaber können Sie ferner die Verbreitung von Zeichen unterbinden, die mit Ihrer Marke verwechselt werden könnten. Dieser Schutz gilt für jeweils 10 Jahre und kann danach verlängert werden.

**Reservieren Sie die passenden Domains**

Bei der Reservierung der Domains können Sie sich auf die gängigen Topleveldomains beschränken. Versäumen Sie es aber nicht,

## *Warum das erfolgreichste deutsche Bier aus Holland kommt*

Länder scheinen in den Köpfen der internationalen Verbraucher angestammte Kategoriekompetenzen zu besitzen: Frankreich für Weine, Italien für Mode, Deutschland für Autos, die Schweiz für Uhren, Japan für Unterhaltungselektronik usw. Normalerweise sind die erfolgreichsten globalen Marken diejenigen, die aus dem „produktadäquaten" Herkunftsland stammen und dort eine marktbeherrschende Position innehaben. Ist es da nicht erstaunlich, dass der größte Importschlager im weltweiten Biermarkt, *Heineken,* aus dem kleinen Holland kommt, wo doch überall auf der Welt Bier mit Deutschland in Verbindung gebracht wird?

*Heineken* war die erste Biermarke mit einer globalen Strategie. Und *Heineken* hatte Glück. Deutschland und Holland sind Nachbarn und haben auch ethnische Gemeinsamkeiten. Jenseits des großen Teiches glauben daher viele Biertrinker, dass *Heineken* ein deutsches Bier sei. Tatsächlich haben die Holländer sogar *Heineken*-Bierfilze mit dem Aufdruck „Made in Germany" in den Bars und Restaurants verteilt. *Heineken* hat aber noch mehr Glück: *Becks,* sein größter deutscher Konkurrent im globalen Geschäft, leidet schwer unter der Bürde seines englisch klingenden Namens. Normalerweise hätte der Marktführer im deutschen Biermarkt, *Warsteiner,* international einen Riesenbonus und müsste *Heineken* von seinem Platz vertreiben, aber ein Bier, das mit „War..." beginnt erinnert an Krieg und hat auf dem internationalen Biermarkt keine überragenden Erfolgschancen.

So wird *Heineken* wohl auch zukünftig die Nummer eins im Weltmarkt bleiben – dank der international anerkannten deutschen Bierkompetenz. Was lernen wir daraus? Der Erfolg beginnt im Kopf des Kunden – und wir können froh sein, dass die Holländer keine Autos bauen.

gegebenenfalls unterschiedliche Schreibweisen und eventuell sogar typische Tippfehler schützen zu lassen.

**Im Zweifelsfall fachliche Hilfe in Anspruch nehmen**

Das Eingehen auf weitere Details würde den Rahmen dieses Buches sprengen. Entscheiden Sie selbst, inwiefern Sie bei der Namensfindung oder beim Markenschutz professionelle Hilfe in Anspruch nehmen möchten. Wenn Sie den EU-weiten oder weltweiten Eintrag Ihrer Marke wünschen, wird spätestens dann die Unterstützung durch einen professionellen Patentanwalt erforderlich.

*Braintool:*
## *Zehn Techniken für den richtigen Markennamen*

Auf der Suche nach einem neuen Markennamen bringen Sie diese Methoden weiter:

**Braintool:**
***Denken + machen***

1. **Wettbewerbsanalyse**
   Analysieren Sie die Namen Ihrer Wettbewerber, schreiben Sie sie auf und überlegen Sie, wie es zu diesen Namen gekommen sein könnte. Was hat man sich dabei gedacht? Allein die gedankliche Beschäftigung mit der Materie setzt die Denkmaschine in Ihrem Unterbewusstsein in Bewegung.

2. **Meta-Ebene**
   Begeben Sie sich gedanklich auf eine übergeordnete Ebene und überlegen Sie, wofür Ihre Marke stehen soll. Welches Wort könnte Ihre Vorstellung, Ihren Anspruch, Ihre Wirkung charakterisieren? (Beispiel: *Powerade*)

3. **Bildhaftes Denken**
   Welches geistige Bild, welches Symbol oder welche Analogie könnte als Grundlage für einen geeigneten Namen dienen? (Beispiel: *Red Bull, Apple*)

4. **Begriffe verkürzen**
   Welche Schlüsselbegriffe verbinden Sie mit Ihrer Marke und deren Nutzen? Schreiben Sie einige auf und komprimieren Sie die Begriffe, indem Sie einige Buchstaben oder Silben streichen. (Beispiel: *Succeed*)

5. **Silbentechnik**
   Experimentieren Sie mit Vorsilben und Endungen, schreiben Sie vorhandene Begriffe auf Blätter. Zerschneiden Sie die Zettel und setzen Sie die Teile neu zusammen. Verbinden Sie zwei Begriffe oder deren Fragmente zu einem neuen Wort. (Beispiel: *Intel, Microsoft, DigiCall*)

6. **Imperativtechnik**
   Gibt es Aussagen mit aufforderndem Charakter, die als Namen geeignet sind? (Beispiel: *Du darfst, Nimm zwei*)

7. **Eigenschaft assoziieren**
   Überlegen Sie sich eine Eigenschaft oder ein Merkmal, das charakteristisch für Ihre Marke ist. Konzentrieren Sie sich mental darauf und formen Sie einen Begriff, der genau diese Eigenschaft zum Ausdruck bringt.
   (Beispiel: *Softies, Kuschelweich*)

8. **Kreative Zufallstechnik**
   Blättern Sie in Lexika und Wörterbüchern herum und lassen Sie die Worte, auf die Sie zufällig stoßen, auf sich wirken. Sprechen Sie die Worte aus und lassen Sie sich inspirieren.

9. **Sprachentechnik**
   Experimentieren Sie mit Worten und Silben aus unterschiedlichen Sprachen, um neue, klangvolle Begrifflichkeiten zu erfinden. (Beispiel: *CuraCommerz, Versum*)

10. **Scrabble-Technik**
    Besitzen Sie eines der guten alten Scrabble-Spiele? Legen Sie die Buchstaben aneinander und spielen Sie so lange, bis sie sich zu einem passenden Namen fügen.

*Braintool:*

## *Gehen Sie bei Ihrer Marke auf Nummer sicher*

Die folgenden Kriterien können Sie markenrechtlich schützen lassen. Informieren Sie sich auf der Homepage des *Deutschen Patent- und Markenamtes (DPMA.de)* oder in einem der Patentinformationszentren. Es lohnt sich, einen Patentanwalt hinzuziehen.

**Braintool:**
***Denken + machen***

1. **Wörter**
   Allgemeine Wortmarken wie zum Beispiel *Persil* oder *Pril* oder Namen von Personen und Unternehmen wie *Paloma Picasso*.

2. **Bildmarken und Wort/Bildmarken**
   Logos, Symbole oder Signets, die eine besondere Gestaltung aufweisen, wie zum Beispiel der *Mercedesstern* oder der Apfel von *Apple*.

3. **Buchstaben und Buchstabenfolgen**
   Dazu gehören besonders gestaltete Buchstaben mit Logocharakter oder Akronyme wie *IBM* oder *RTL*.

4. **Zahlen und Zahlenfolgen**
   Zum Beispiel die Zahlenkombination *4711* oder ausgeschriebene Zahlen wie *Quattro*.

5. **Slogans**
   Aussagen wie *„Der Fels in der Brandung"*, *„Auf diese Steine können Sie bauen"*, *„Think different"*.

6. **Tonfolgen**
   Melodien von Werbejingles wie das der *Deutschen Telekom*.

7. **Kombinationen**
   Wort-Bild und Wort-Zahlenkombinationen wie beispielsweise *„Pro Sieben"* oder *„Vier gewinnt"*.

# Brainwork für den Markterfolg

## *Wie Sie die richtige Markenstrategie für Ihr Unternehmen entwickeln*

Was ist eigentlich ausschlaggebend für den Markterfolg eines Produktes? Es sind drei wesentliche Faktoren, die die Werbewirkung einer Kampagne beeinflussen.

- Die Kreativität
- Der Werbedruck
- Die Strategie

**Advertising-Response-Modell**

Gewiss besitzt jeder dieser Faktoren eine tragende Bedeutung und ist für sich gesehen unverzichtbar. Es steht auch außer Frage, dass erst der Mix dieser Teile den Markterfolg ermöglicht. Dennoch erhebt sich die Frage: Welcher Einzelfaktor hat den größten Einfluss auf das Gesamtergebnis? Die Antwort gibt uns eine gemeinschaftliche Studie der *Gesellschaft für Konsumforschung (GfK)* und des *Gesamtverbands der Werbeagenturen (GWA)*. Der Name des Projekts: *Advertising-Response-Modell* – kurz *ARM*.

**Werbedruck**

Viele Fachleute waren der Ansicht, ein Erhöhen des Werbedrucks ziehe auch eine Erhöhung der Werbewirkung nach sich. Eine Fehleinschätzung. Die *ARM*-Studie zeigte, dass eine hundertprozentige Steigerung des Werbedrucks nur eine durchschnittliche Steigerung des Marktanteils von 3,5 Prozent bewirkt. Mehr Werbedruck führt auch bei der Konkurrenz zu einer Steigerung des Engagements.

**Kreativität**

Andere Experten sahen in der Kreativität den Schlüssel zum Erfolg. Eine Kampagne, die mehr auffalle, habe auch eine größere Wirkung. Das leuchtet zwar ein, ist wissenschaftlich aber nicht zu belegen. Die Studie ergab, dass Kampagnen, die eine um 20 Prozent stärkere Aufmerksamkeit erzielten nur zu 0,5 Prozent besseren Ergebnissen führten. Mit Auffallen alleine ist es also offenbar auch nicht getan (vgl. Buchholz/Wördemann 1997).

**Strategie**

Das Ergebnis der *ARM*-Studie besagt, dass Kreativität und Werbedruck ihre Wirkung erst dann entfalten, wenn eine klare Strategie zugrunde liegt. Wie sich zeigte, können manche Marken mit verhältnismäßig niedrigem Werbebudget ein stärkeres Wachstum erreichen als andere mit dem Vielfachen dieses Betrages. Das klingt märchenhaft, ist aber durchaus möglich. Die zugrunde liegende Strategie macht den Unterschied.

***„Erfolg ist einzig und allein eine Frage der richtigen Strategie."***

***Wolfgang Mewes Systemforscher und Begründer der Engpasskonzentrierten Strategie (EKS)***

Das lässt den Mittelständler aufhorchen. Erwarten Sie aber keine Wunder. Eine Strategie ohne Budget ist wie ein Auto ohne Kraftstoff. Um Ihre Marke bekannt zu machen, müssen Sie Geld in die Hand nehmen. Wie finden Sie die richtige Erfolgsstrategie, um Ihre eigene Marke mit überschaubarem Etat fest im Kopf Ihrer Zielgruppe zu verankern? Lernen Sie von den Großen! Hier folgen einige bewährte Strategien, die schon mancher Marke zum Durchbruch verholfen haben.

## *Die Konditionierungsstrategie*

**Tom Sawyer und der Gartenzaun**

Wie wir bereits sahen hat die Wahrnehmung des Menschen einen bestimmenden Einfluss auf seine (Kauf-)Entscheidungen und seine Wertschätzung von Produkten. Zu den berühmtesten Beispielen strategischer Konditionierung zählt eine Geschichte von Mark Twain: Tom Sawyer. Sie erinnern sich: Der kleine Tom wurde von Tante Polly dazu verdonnert den Zaun zu streichen. Durch geschickte Konditionierung gelang es ihm, seinen Kameraden die ungeliebte Arbeit als erlebnisreiche Freizeitbeschäftigung zu verkaufen, sodass sie ihm letztlich Geld und Spielsachen anboten, um auch in den Genuss zu kommen, einen Meter Zaun anstreichen zu dürfen. Aus der verhassten Pflichtübung wurde so eine lukrative Einnahmequelle für Tom. Die Tom Sawyers von heute arbeiten in den Marketingabteilungen der Großkonzerne.

Knusperriegel oder längste Praline der Welt? Kaugummi oder Zahnbürste für zwischendurch? Süßigkeit oder Sportlernahrung? Die Konditionierungsstrategie kann ein Produkt in ein vollständig anderes Licht stellen und so über seinen Markterfolg bestimmen.

***Milchschnitte***

Eigentlich ist die *Milchschnitte* eine Süßigkeit, aber *Ferreros* Markenstrategen wollen ihr Produkt viel lieber in der geistigen Schublade der Zwischenmahlzeiten sehen. Die Bezeichnung „*Milchschnitte*", die „Butterbrot-Optik" und der Verpackungshinweis „Hauptzutat frische Vollmilch" sind Merkmale einer gesunden Mahlzeit. Folgerichtig findet der Verbraucher die *Milchschnitte* nicht etwa im Süßwarenregal, sondern im Kühlregal neben Joghurt und Quark platziert. Und die zugehörigen Werbespots zeigen uns populäre Sportler und moderne Erfolgsmenschen beim genussvollen Verzehr ihrer leichten *Milchschnitte*. In der Folge schnellte der Umsatz des Naschwerks im zweistelligen Prozentbereich in die Höhe und *Milchschnitte* gehört heute zu den Top 100 der deutschen Marken.

***Knoppers***

Auch andere Naschereien werden in der Wahrnehmung des Verbrauchers in hochwertige Nahrungsmittel verwandelt. *Knoppers* beispielsweise positioniert sich als „Das Frühstückchen", das ein jeder „morgens um halb zehn in Deutschland" mit feierlicher Geste entpackt und verzehrt.

***Fruchtzwerge***

Die *Fruchtzwerge* sind als Zwischenmahlzeit so wertvoll wie ein kleines Steak.

***ErgoContour***

Auch wenn Sie keine Schleckereien vertreiben, kann die richtige Konditionierungsstrategie Ihrer Marke zum Durchbruch verhelfen. Ob der neu entwickelte bewegliche Lattenrost *ErgoContour* als „orthopädische Hilfe aus dem Sanitätshaus" oder als ein Lifestyleprodukt „Wasserbett aus Holz für körpergerechtes Schlafen" wahrgenommen wird, hat weit reichende Konsequenzen für seinen Markterfolg. In welcher geistigen Schublade befindet sich Ihr Produkt? Gibt es dazu interessante Alternativen?

## *Die Parabeltechnik*

**Ironisch-überzogene Darstellung des Nutzens**

In der Parabeltechnik wird die Leistungsfähigkeit eines Produktes so übersteigert dargestellt, dass es sich fest im Kopf der Zielgruppe verankert. Je ungewöhnlicher und prägnanter die Situation ist, desto besser bleibt die Geschichte beim Betrachter hängen. Durch das ironisch überzogene Szenario wird ein sympathisches Augenzwinkern erzeugt und das kritische Hinterfragen beim Betrachter geschickt umschifft.

***Pattex* und der Truck-Fahrer**

Ein TV-Spot erzählt uns die Geschichte vom Trucker mit der *Pattex*-Tube. Der Brummifahrer repariert mit dem Klebstoff einige Kleinigkeiten an seinem Fahrzeug. Als er wieder ins Führerhaus steigt, fällt die Klebstoff-Tube unbemerkt aus seiner Tasche und bleibt auf dem Asphalt der Straße liegen. Der Truck fährt los. Als die schweren Reifen die Tube zerdrücken, bleibt der Truck augenblicklich stehen und rührt sich keinen Millimeter mehr. Der kraftstrotzende Motor heult machtlos auf, denn die Reifen sind gnadenlos mit dem Asphalt verschweißt. Durch diesen preisgekrönten Werbespot erreichte *Pattex* die Marktführerschaft bei Klebstoffen.

Gibt es einen Weg, wie Sie Ihre Leistung so übersteigert darstellen können, dass man über Sie spricht?

## *Die Identifikationstechnik*

**Das Frauenbild in der Werbung**

Im Gegensatz zu anderen Strategien wird hier nicht das Produkt, sondern der Verwender zum Helden gemacht. Die Zielperson wird durch die Verwendung einer Marke als besonders clever oder bewundernswert dargestellt. Besonders die Frauen erscheinen seit einigen Jahren oft als selbstbewusste und überlegen handelnde Durchblickerinnen neben ihren bedeutungslosen oder dümmlich dreinblickenden Männern. Als Beispiele mögen hier die Powerfrau von *Jacobs Krönung,* die flotte Fahrerin im *Ford KA* und die karrierebewusste Businessfrau diverser Shampoo-Marken dienen. Hier wird eine nahezu feministische Weltbetrachtung als Mittel der Absatzförderung benutzt. Ob der männliche Teil der Zuschauer diese Darstellung ablehnt, interessiert nicht, solange es Frauen sind, die die Kaufentscheidung treffen.

Dieses Spiel funktioniert natürlich auch anders herum. Die Kampagne des eidgenössischen Herrenuhrenherstellers *IWC* ist seit Jahren mit dem Gegentrend erfolgreich. Auf ganzseitigen Anzeigen erscheint ein groß dargestellter Herrenchronometer. Darüber die Headline: „Scheibenputzen ist Männersache. Bis 42 Millimeter." Je stärker die Provokation, desto stärker ist das Identifikationspotenzial bei ihren Befürwortern. Die Motive sind unter Kennern so beliebt, dass man sie als Poster auf der *IWC*-Homepage bestellen kann.

*„Sagt den Leuten nicht, wie gut ihr die Güter macht, sagt ihnen, wie gut eure Güter sie machen."*

*Leo Burnett amerikanischer Werbetexter und Agenturgründer*

**Indirekte Zielgruppen-Ansprache**

Häufig wird die Zielgruppe indirekt angesprochen. So wird mit vorgeschobenen Zielgruppen für Produkte geworben, was der tatsächlichen Zielperson suggeriert, die Verwendung der Marke stelle sie den gezeigten Verwendern gleich. Es werden beispielsweise besonders sportliche und schlanke Menschen beim Verzehr von Schokolade (zum Beispiel *Nutella, Yogurette*) gezeigt. Oder Schokolade wird mit besonders elitär wirkenden Personen oder Erlebniswelten in Zusammenhang gebracht (*Rocher, Raffaello*). Die fettarme Margarine *Du darfst* zeigt gertenschlanke Frauen, die „so bleiben wollen wie sie sind" als vorgebliche Zielgruppe und nicht etwa solche, die sich durch Diätkost erst schlank essen müssten.

***Faber-Castell***

Sie müssen mit Ihrer Ideologie nicht gleich die Nation spalten. Welche Möglichkeiten haben Sie, Ihre Zielgruppe zum Helden zu machen? Der Schreibgerätehersteller *Faber-Castell* zeigte in einer Kampagne bekannte Kreative und Künstler, die mit seinen Produkten arbeiten. Vielleicht haben auch Sie die Möglichkeit, erfolgreiche Entscheider oder Verwender Ihrer Produkte in den Fokus zu stellen.

## *Die Integrationstechnik*

**Der Kunde als Teil der Marke**

Einigen Marken ist es auf erstaunliche Weise gelungen, ihre Kunden nicht nur zu binden, sondern zu einem Teil der Marke zu machen. Bei vielen Rundfunksendern beispielsweise gestalten die Hörer das Programm mit. Zu den markantesten Beispielen von Zielgruppenintegration zählt *Tupperware*.

**Die *Tupperware*-Community**

Earl S. Tupper, Firmengründer und Erfinder der „Wunderdose", ärgerte sich darüber, dass der Einzelhandel mit der sachgerechten Erklärung seines luftdichten Sicherheitsverschlusses überfordert war. Als er 1951 die grandiose Idee hatte, ein „Heimvorführungssystem" zu entwickeln, war der große Wurf gelungen. Bald erkannte er nämlich, dass er nicht länger Produkte verkaufte, sondern glückliche Hausfrauen zusammenbrachte. Er zog seine Frischhaltedöschen aus den Regalen der Warenhäuser zurück und verkaufte nunmehr ausschließlich in den Wohnzimmern seiner Kundinnen. Das war die Geburtsstunde der *Tupperparty*. 1,6 Mio. *Tupperpartys* mit durchschnittlich zehn Besucherinnen finden jährlich alleine in Deutschland statt. Die Gäste haben das unbestimmte Bedürfnis, sich für Kaffee und Kuchen der Gastgeberin zu revanchieren und die *Tupperware Corporation* braucht nur noch die Waren in das System einzuschleusen. Der Tupper-Jahresumsatz 2002: Über 1,1 Mrd. USD.

***Kellogg's* lässt seine Zielgruppe die Verpackung gestalten**

Beim Versuch, die schwierige Zielgruppe zwischen zwölf und neunzehn Jahren zu erreichen, ließ sich der Bremer Zerealienproduzent Kellogg's etwas ganz Besonderes einfallen: „Macht was Ihr wollt". Die Kids durften ihre eigene *Kellogg's-Pops*-Packung entwerfen. Anstelle eines simplen Gewinnspiels machte man einen richtigen Hype daraus. Um mitmachen zu dürfen, mussten sich die Jugendlichen richtig bewerben, Fragebögen ausfüllen und über ihre Berufswünsche erzählen. Die Aktion wurde per TV- und Funkspots und per SMS publiziert. Das Feedback war sehr erfreulich. Von den 6.000 Bewerbern wurden 100 herausgefiltert, die in den so genannten „Pop Days“ in sechs großen Städten (mit der Unterstützung von Fachleuten) die neue Verpackung nach eigenen Ideen gestalten durften. Der beste Entwurf jeder Stadt kam weiter und wurde im Internet und der Jugendzeitschrift *YAM* zur Auswahl präsentiert. Gewonnen hat Dresden mit 36 Prozent der Stimmen. Bei *Kellogg's* war man mit dem Erfolg mehr als zufrieden und plant, das interaktive Marketing weiterzuführen.

Welche Möglichkeiten haben Sie, Ihren Kunden stärker in die Marke einzubinden? Informationsveranstaltungen, Kundenclubs, Workshops, Befragungen bei der Entwicklung neuer Produkte und Leistungen, Freundschaftswerbung – es gibt eine ganze Reihe Ansätze dafür.

## *Die Feindbildtechnik*

**_Melitta Toppits_ und der Gefrierbrand**

In der Feindbildtechnik werden unsichtbar lauernde Gefahren auf die Spitze getrieben und die angebotene Marke als die rettende Lösung dargestellt. Je stärker die drohende Gefahr oder Spätfolge dramatisiert wird, desto bedeutungsvoller ist der Erlösungsanspruch des Produkts. Wer kennt nicht den Furcht einflößenden „Gefrierbrand“, der die vormals profan anmutende Wahl des Gefrierbeutels zur Schicksalsfrage stilisiert. Der Chef oder die Schwiegermutter kommen zum Essen und der gnadenlose Gefrierbrand droht in alptraumhaftem Szenario, Karriere und Familienidyll zu vernichten. Erst *Melitta Toppits* rettet die Situation und wendet alles zum Guten. Die Kampagne bescherte *Melitta Toppits* ein Wachstum von 42 Prozent in drei Jahren.

Ähnlich monströse Feindbilder sind Zahnfleischbluten, Haarausfall, Schuppen, Kragenschmutz und Körpergeruch, die uns gesundheitlich zugrunde richten oder ins soziale Abseits treiben. Das Wichtigste bei dieser Technik ist, dass der Feind einen Furcht einflößenden Namen besitzt und die heroische Rettung durch das Produkt glaubwürdig und plausibel erscheint.

Dass diese Strategie auch bei Business-Lösungen funktioniert, zeigt das Beispiel des IT-Unternehmens *Thetakom*. Hier ist die spürbare Informationsüberflutung des Computerbenutzers der Feind, der seinen Höhepunkt im gnadenlosen „Infofarkt" findet. Der Einsatz der angebotenen Kommunikations-Software rettet den Anwender durch ihre vereinfachende Technik vor dem Zusammenbruch.

## *Erfinden Sie Ihr Business neu*

*Fallbeispiel: Thetakom GmbH*

*„Stellen Sie sich vor, Sie hätten einen Helfer, der einfach alles weiß. Jemanden, der alle Nachrichten, Dokumente, Kontakte zur richtigen Zeit für Sie bereithält. Einen Helfer, auf den Sie sich zu hundert Prozent verlassen können, wie der treue Hund, der Ihnen die Morgenzeitung bringt. Dann hätten Sie Freiräume für die wesentlichen Dinge. Ihr Leben würde einfacher werden."*

*(Broschüre der Thetakom GmbH)*

thetakom.
kommunikation sind wir

**Situation:**

**Eine Software bündelt die Kommunikation**

Das Systemhaus *Thetakom GmbH* in Pfungstadt bietet mit seinem *Message Routing System (MRS)* eine leistungsstarke Kommunikationslösung für Großunternehmen an. *MRS* bündelt die Kommunikationskanäle Telefon, Fax, E-Mail, SMS usw. und stellt sie dem Anwender unter einer einzigen Benutzeroberfläche zur Verfügung. Dadurch wird das Informationsmanagement effektiver und Arbeitsabläufe lückenlos dokumentierbar. *MRS* wird nahtlos in die beim Kunden vorhandene Programmarchitektur integriert und kann so ohne großen Lernaufwand genutzt werden. Aber auch zahlreiche andere Softwareanbieter versuchten, ihre Produkte auf dem Markt für Kommunikationssoftware als beste Lösung zu etablieren. Wie konnte man sich gegen den Wettbewerb durchsetzen?

**Lösung:**

**Wie lautet der Schlüsselnutzen?**

Eine Analyse der Mitbewerber zeigte, dass diese nahezu ausnahmslos die technischen Merkmale ihrer Produkte fokussierten und hauptsächlich mit den Produktnutzen Vielseitigkeit, Schnelligkeit und Einsparung warben. Wir entschieden uns für eine komplementäre Positionierung. Welches war der Schlüsselnutzen von *MRS*, der von der Konkurrenz noch nicht besetzt worden war? Es war die Vereinfachung. Die Welt wird immer komplexer, die

**Vereinfachung**

Technik immer anspruchsvoller, Vereinfachung musste zu einem Megatrend werden. Zudem ließen sich alle Kaufargumente wie Einsparung, Zeitgewinn, Arbeitsplatzzufriedenheit etc. aus diesem einzigen Schlüsselnutzen ableiten. Wir steckten unseren Claim ab, indem wir unsere Botschaft formulierten: „Simplify Your Business".

**Der Infofarkt**

Um die Bedeutung der angebotenen Lösung zu steigern, mussten wir unsere Scheinwerfer zunächst auf das Problem richten: Den überforderten Anwender, der unter der Vielfalt der Nachrichten und Kommunikationswege fast zusammenbricht. Wir suchten einen kraftvollen Begriff für dieses Feindbild und erfanden den „Infofarkt".

**Simplify Your Business**

Jetzt hatten wir den Kontext für unsere Aussage: Stoppt den Infofarkt – Simplify Your Business. Damit hatten wir eine geistige Schublade geöffnet, die es nun zu füllen galt. Wie konnte man diese Botschaft überzeugend visuell umsetzen? Wir suchten ein prägnantes Symbol für Einfachheit, beispielsweise einen Schlüssel, der eine Tür öffnete. Aber konnte ein Schlüssel die emotionale Kraft entfalten, die wir für unser Key Visual benötigten? Unwahrscheinlich. Schließlich kamen wir auf den Hund. Als der beste Freund des Menschen, gilt er als treu und ist allgemein positiv besetzt. Zuverlässig bringt er seinem Herrn die Morgenzeitung und von nun an auch alle Nachrichten in elektronischer Form. Eine perfekte Analogie zur Arbeitsweise von *MRS*. Elroy, wie der kleine Geselle vom *Thetakom*-Team getauft wurde, war natürlich ein elektronischer Hund. Je nach Situation kam er mal mit einem Briefumschlag, mal mit einem Telefonhörer im Schnäuzchen daher und blickte uns bald aus Broschüren und Anzeigen entgegen. Natürlich wurde er auch zum Star auf dem *CeBIT*-Messestand, wo er als lebensgroße Stahlfigur die Blicke der Besucher auf sich zog. Mit der Messeeinladung erhielten die Gäste ein Puzzlestück, das sie zum Stand mitbrachten. Passte das Teil in das große Puzzle unse-

**Messeeinladung und Bastelbogen. Thetakom setzt auf „Vereinfachung"**

**Einfach basteln**

res Kampagnenmotivs, gewann sein Besitzer einen attraktiven Preis. Alle Messebesucher erhielten außerdem einen Bastelbogen, aus dem sie ohne Schere und Klebstoff einen kleinen Elroy für den Schreibtisch basteln konnten – ganz einfach versteht sich. Im Schnäuzchen hielt er in Briefform die Botschaft: *Simplify Your Business*.

Die konsequente Entscheidung der Geschäftsleitung, die Kampagne bis ins Detail umzusetzen, und der engagierte Einsatz des *Thetakom*-Teams, trugen bald Früchte: Die Messepräsenz wurde zur erfolgreichsten Kampagne der letzten Jahre. Zahlreiche Neukunden und mögliche Kooperationspartner konnten gewonnen werden, und bei *Thetakom* ist man entschlossen, die „Simplify-Strategie" auch in Zukunft konsequent fortzusetzen.

# *Die Zutat macht den Unterschied*

## *Ingredientbranding als Erfolgsbeschleuniger*

**Ein Rechner-Chip wird weltberühmt**

Haben Sie schon mal einen *Intel*-Chip gesehen? Ich auch nicht. Aber vermutlich sieht er auch nicht wesentlich anders aus als seine Konkurrenten von *AMD* und Co. Dennoch ist die Marke heute weltbekannt und stellt den De-facto-Standard bei *Windows*-Personal-Computern dar. Wie aber ist es möglich, dass der gesichtslose Komponent einer Rechenmaschine zu einer der teuersten Marken der Welt aufsteigt, die im Wert noch vor *Disney*, *McDonald's* und *Marlboro* liegt? Die Antwort lautet „Ingredientbranding".

Rückblende: Im Jahr 1989 begann Intel damit, den brandneuen Rechnerchip *80-386* zu bewerben. Da das Vorgängermodell *286* nicht, wie erhofft, angenommen wurde, dachte man über neue Wege nach, um die Entscheider besser zu erreichen. Schließlich entschied sich *Intel*-Marketingchef Dennis Carter für eine mehrwöchige Plakatkampagne, die zunächst auf Denver beschränkt war. Die Plakate zeigten nichts anderes als die Zahl *286*, rot durchgestrichen, und einen kleinen Hinweis auf den neuen Chip. Die Maßnahme wurde von Funkspots und Anzeigen in der Tagespresse begleitet. Schon bald war der Bekanntheitsgrad der Chiphersteller aus Santa Clara so gestiegen, dass die Kampagne auf neun weitere Städte der USA ausgedehnt wurde. Der überwältigende Erfolg kam selbst für den Marketingchef völlig überraschend: „Wir wollten nur potenzielle Kunden über das Produkt aufklären und hatten eine Marke geschaffen" Nachdem ein Gericht feststellte, dass Zahlenkombinationen wie *386* und *486* nicht markenrechtlich schutzfähig seien, entschloss man sich für einen übergeordneten Begriff: *Intel* – The Computer

***Intel* ist heute unangefochtener Weltmarktführer bei Mikroprozessoren**

Inside, aus dem schließlich *„Intel Inside"* wurde. Carter gelang es, zahlreiche Hersteller der gerade auf Touren kommenden PC-Industrie für eine gemeinsame Werbekampagne zu gewinnen. *Intel* beteiligte sich an den Werbekosten der Computerfirmen und diese warben damit, einen *Intel*-Prozessor an Bord zu haben. *Intels* Ingredientbranding startete schließlich 1991 und wurde zu einem beispiellosen Erfolg.

**Mehr als 3.000 Elektronik-Hersteller benutzen *Intel*-Produkte**

Heute, neun Milliarden Werbe-Dollar später, steht die *Intel*-Company als Nummer Eins unangefochten im Rampenlicht – und weltweit kleben mehr als 3.000 Elektronik-Hersteller das kringelige Logo als Gütesiegel auf ihre Gehäuse.

**Die Komponentenmarke wertet das Produkt auf**

Ingredientbranding ist eine wirksame Strategie, um die Bedeutung der eigenen Marke durch das Hinzufügen einer zweiten Marke, als „Zutat" (engl. Ingredient), aufzuwerten. Der Betrachter nimmt den Mix aus Wirtsmarke und Komponentenmarke als etwas Neues wahr.

Diese Strategie funktioniert allerdings nur, wenn die Komponenten zusammenpassen und nicht alleine gekauft oder benutzt werden können. Der Einsatz einer Zweitmarke als Zutat kann eine neue Marke mit einem noch verhältnismäßig schwachen Image entscheidend aufwerten oder eine reifere Marke „jünger" erscheinen lassen. In jedem Fall schafft die Zweitmarkenstrategie eine Veränderung in der Wahrnehmung des Kunden.

**Zweitmarken sind häufig anzutreffen**

Ingredientbranding begegnet Ihnen häufiger, als Sie vielleicht denken: Beispielsweise wenn Sie Ihr Abendbrot in einer *Teflon*®-beschichteten Pfanne zubereiten, nachher ein *Langnese*-Eis mit *Milka*®-Schokostücken genießen und dabei einen mit *Dolby*®-Technik ausgestatteten Videofilm anschauen, um anschließend Ihre *Braun*-Zahnbürste mit der *Oral-B®-Technologie* zu benutzen und ins Bett zu gehen.

***Mercedes Mon Chéri***

Was wäre *Mercedes* ohne *ABS*-System und *Mon Chéri* ohne seine *Piemont*-Kirsche?

Diese Strategie können auch Sie erfolgreich für sich nutzen. Schaffen Sie sich einen Vorsprung vor Ihrer Konkurrenz, indem Sie Ihre Marke durch eine Zweitmarke aufwerten. Ihnen fällt keine passende Zutat ein? Dann erfinden Sie eine.

Die Kalkulationssoftware *Osiris Calc* kalkuliert die Stückzahlfertigung im Gerätebau. Die Maße der Bauteile werden hier nicht wie üblich manuell, sondern komfortabel per Mausklick eingegeben. Um die Marke aufzuwerten, schufen wir die *Click'n'Calc-Technologie*, die als Symbol stilisiert die Verpackung ziert.

Das Lautsprechersystem *D1* der Marke *Audiance* verfügt über eine brillante und verblüffend naturnahe Klangwiedergabe. Bei konventionellen Lautsprechern kann durch Laufzeit- und Phasenverschiebungen ein verwaschener Klang entstehen. Bei der *D1* wird der Lautsprecher mit einem Helmholtz-Resonator gekoppelt, dessen Tubus wie eine mächtige Orgelpfeife wirkt. Dieses Prinzip heißt *D.E.SI.R.E-Technologie,* sorgt für eine hervorragende Klangqualität und stellt eine Alleinstellung der *Audiance*-Systeme dar.

**Herausragender Klang durch *D.E.SI.R.E.-Technik***

Was ist das Besondere an dem orthopädischen Lattenrost *ErgoContour?* Sein ausgeklügeltes Funktionspatent, das *Ergonamik-Prinzip,* verschafft den entscheidenden Vorsprung vor dem konventionellen Lattenrost und sorgt für körpergerechten Schlaf.

Der Fahrzeugverglaser *Berl Autoglas* bietet seinen Kunden beachtliche Kosteneinsparungen durch Senkung der Schadensquote und Glasversicherungsbeiträge mit einer selbst entwickelten Technik zur Instandsetzung verkratzter Busscheiben. Der Name der Innovation: die *FairRepair*-Technik.

**Scheibentausch und *FairRepair* bei *Berl Autoglas***

Die Zweimarkentechnik muss glaubwürdig und plausibel sein. Beim Aufbauschen von Bedeutungslosigkeit oder wenig plausiblen Konstrukten kann der Schuss schnell nach hinten losgehen. Clever eingesetzt jedoch zieht eine virtuelle Zweitmarke eine deutliche Linie zwischen Ihrer Marke und die Ihrer Konkurrenz.

# *Entdecke die Möglichkeiten*

## *Bringen Sie Ihre Botschaft in einem Satz auf den Punkt*

*„Ein Wort sagt mehr als tausend Bilder."*

*Alexander Hahn Werbetexter*

„Beim Herdputz sollst du dich nicht quälen. Du sollst zum Putzen *ATA* nehmen." Wurde der deutschen Hausfrau schon 1930 ins Ohr geflötet. Oder: „Mit *IMI* im Wasser geht's Abwaschen rascher." Oder: „Mit Öl von *Becht* wird's Essen recht." Die Tage semiromantischer Reklamepoesie scheinen vorbei. Unsere Zeit ist knapper, unsere Welt ist globalisierter – und unsere Werbeslogans sind kompakter und englischer geworden. *Siemens* beispielsweise fordert knapp: „Be inspired."

**Slogan und Claim**

Der Slogan oder Claim ist ein wichtiger Ausdruck Ihrer Positionierung. Er verdichtet die Botschaft Ihres Unternehmens zu einer Ein-Satz-Aussage, die Ihre Position auf den Punkt bringt. Manche Fachleute unterscheiden zwischen einem Slogan als einer eher kurzfristigen Werbeaussage und einem Claim, der den Kern der Marke über einen längeren Zeitraum repräsentiert. Meistens allerdings wird das eine als Synonym für das andere benutzt.

**Megamarke:** ***Made in Germany***

Ein guter Claim verankert sich in den Köpfen und kann zum geflügelten Wort im allgemeinen Sprachgebrauch werden. Die kraftvolle Wirkung eines Claims zeigt sich am Beispiel von „Made in Germany". Nach dem ersten Weltkrieg forderten die Siegermächte im Versailler Vertrag, dass alle in Deutschland produzierten Waren durch diese Herkunftsbezeichnung kenntlich gemacht werden. Doch deutsche Produkte besaßen eine überragende Qualität und der Verbraucher lernte bald: Was aus Germany stammte, musste von hoher Qualität sein. Das stigmatisierende „Made in Germany" wurde zur Megamarke und zum Erfolgsbeschleuniger für die deutsche Wirtschaft.

**Ungenutzte Chancen**

Es ist erstaunlich und kaum nachvollziehbar, wie viele kleine und mittelständische Unternehmen noch immer auf die Zugkraft eines pfiffigen Claims verzichten. Nutzen Sie dies als Chance und finden Sie einen packenden Claim, der Ihre Positionierung unterstreicht und Ihre Marke prägnant und einzigartig macht.

**Die Kernaussage verdichten**

Überlegen Sie dazu sorgfältig, welche Kernaussage Sie transportieren möchten. Das kann ein Leistungsversprechen, ein herausragendes Charaktermerkmal, ein Anspruch, ein Hinweis auf die Zielgruppe oder sogar ein Nonsens-Satz sein. In amerikanischen Agenturen wird der Claim auch „Pay off" genannt, also eine Beschreibung dessen, was sich beim Kauf der Marke für den Kunden auszahlt.

**Marktführerschaft**

Wenn Sie in einem Bereich Marktführer sind, nutzen Sie diesen Status in Ihrem Claim.
Die *Barmer* ist „Deutschlands größte Krankenkasse". Die Restaurantkette *Nordsee* ist „Die Nummer Eins in Fisch". Die Menschen lieben Superlative. Aber Vorsicht, der proklamierte Status muss dauerhaft und beweisbar sein. Im Zweifelsfall sollten Sie lieber einen Gang zurückschalten: *Georg + Otto Friedrich* sind „Europas große Wirkwarenproduzenten". Sie können auch den Bezug verändern. Schreiben Sie statt „Der größte Baumarkt in Hessen" „Der größte Baumarkt in Südhessen" oder „Der größte Baumarkt für Holzprodukte in Hessen".

**Subliminale Alleinstellung**

Außerdem bleibt Ihnen noch die Möglichkeit der subliminalen Alleinstellung wie *Uniroyal*: „Der Regenreifen", *Prezisa* „Das Präzisionsgleitlager" oder *Ellen Betrix* „The Care Company". In solchen Statements wird unterschwellig eine ganze Produktgattung belegt. Man ist nicht EIN, sondern DER Regenreifen, wird damit zum Standard und verweist die anderen mit dieser Aussage unausgesprochen auf die Plätze. In weiteres Beispiel ist *Ruhrgas*: „Wir stehen für Gas". Damit haben Sie Ihre verbale Flagge gehisst, die weithin sichtbar über dem Markt flattert. Bleiben Sie aber in Ihrer Aussage auf dem Boden der Tatsachen, denn Sie werden an Ihrem Versprechen gemessen.

Sie sind (noch) kein Marktführer? Macht nichts, es gibt noch weitere wirksame Techniken, um einen kraftvollen Claim zu finden. Analysieren Sie die Kernaussagen Ihrer Konkurrenz. Wenn die Gefahr einer Überschneidung besteht, können Sie sich ganz bewusst komplementär positionieren. Die Fluggesellschaft *Germania* bezeichnet sich schlicht als „Die Alternative".

**Positionierung als Alternative**

Oder Sie benutzen den Claim der Großen als Plattform für sich. Ein Zwerg ist bekanntlich größer als ein Riese, wenn er sich auf dessen Schultern stellt. Der schwedische Möbelriese *IKEA* stellt die Frage „Wohnst Du noch oder lebst Du schon?" Worauf das Münchner Einrichtungshaus *KARE Design* pfiffig zurückfragt: „Schraubst du noch oder wohnst du schon?"

**Bekanntes nutzen**

*BMW* wirbt bekanntlich mit „Freude am Fahren". Der Geländewagen *Mitsubishi Pajero*, dargestellt in entlegenem, menschenleerem Bergland, verspricht „Freude am Verfahren".

Die Gefahr der Verballhornung ist bei manchen Claims bereits eingebaut. So wurde der Spruch *„Ford* – die tun was" so stark verulkt (*„Ford* – was tun die?"), dass man sich entschloss, ihn aufzugeben. Jetzt will *Ford* „Besser ankommen".

**Gefahr der Verballhornung**

Nahe liegend und weit verbreitet ist es, einen am Nutzen orientierten Claim zu schaffen. Setzen Sie nicht auf einen rein generischen Nutzen – der ist zu schwach. Das wäre der Fall, wenn beispielsweise ein Handy-Hersteller mit „mobiler Erreichbarkeit" werben würde. Ein Nutzen- oder Leistungsversprechen muss für die Zielgruppe attraktiv sein und einen differenzierenden Charakter besitzen. Beispiele: *Dresdner Bank* „Die Beraterbank" oder wie *Ariel*: „Wäscht nicht nur sauber, sondern rein".

**Kein generischer Nutzen**

Eine probate Methode ist es, einen regionalen Bezug herzustellen. Überlegen Sie, ob Ihre Herkunft oder Ihre regionale Verbreitung Identifikation schafft oder den Charme des unverwechselbaren Originals verströmt. Einigen Marken ist es so gelungen, einen

**Geographischen Bezug herstellen**

Schulterschluss mit der Zielgruppe herzustellen oder eine Eigenschaft, die einer Region zugeschrieben wird, mit ihrem Produkt zu verknüpfen. *Jever Pilsner* schmeckt „friesisch herb". Der Energiekonzern *e.dis* sieht sich als „Die große Energie des Ostens." *Volkswagen* und *Audi* benutzen die Slogans „Fahrvergnügen" und „Vorsprung durch Technik" in ihren amerikanischen Kampagnen bewusst in deutscher Sprache. Warum? Deutschland gilt als Mutterland des Autos und die Deutschen Marken gelten bei den speed-limitierten Amerikanern als „Autobahn-proofed". Die *Glaabs-Brauerei* in Seligenstadt zeigte dem hessischen Biertrinker auf unnachahmliche Weise ihre Heimatverbundenheit. Von den Plakatwänden lachte ein frisch gezapftes, perlendes Bier und darunter lachte in hessischem Idiom die Headline: „Isch Glaab's geht los".

**Ein Produktmerkmal herausstellen**

Ihr regionales Umfeld bietet nicht genug attraktives Potenzial? Dann prüfen Sie doch Ihr Produkt einmal auf ein erkennbar typisches Unterscheidungsmerkmal, das Sie aus der Masse des Wettbewerbs heraushebt. *„Ado* – die Markengardine mit der Goldkante". *Ritter Sport* „Quadratisch, praktisch, gut".

**Die Zielgruppe herausstellen**

Ein anderer Weg ist es, im Claim einen Hinweis auf die Verwender zu geben. So sagen Sie klipp und klar, für wen Sie da sind. Ein Klassiker unter den Zielgruppen-Claims wurde bereits Mitte der dreißiger Jahre geprägt: „*Haribo* macht Kinder froh". 1962 ergänzte man zielgruppengerecht „... und Erwachsene ebenso". *Bauknecht* wusste schon in den fünfziger Jahren „was Frauen wünschen", und das Modelabel *Bruno Banani* signalisiert, dass seine Unterwäsche dem Kenner vorbehalten ist: „Not for Everybody".

**Einen Handlungsappell formulieren**

Sie können Ihrer Zielgruppe auch gleich sagen, was Sie tun soll, indem Sie einen Handlungsappell formulieren. Der Arzneimittelhersteller *Abtei* postuliert: „Bitte bleiben Sie gesund" und der Computerhersteller *Apple* fordert: „Think different". Der Sportartikler *Nike* treibt es auf die Spitze: „Just do it". Nutzen Sie die

Kraft des Imperativs in Ihrer Aussage: Schreiben Sie statt: „Mit uns können Sie rechnen" lieber „Rechnen Sie mit uns".

**Verdeckte Implikation**

Eine raffinierte Methode, einen Claim zu schaffen, ist die versteckte Implikation. Stellen Sie sich mit dem Kunden auf die gleiche Seite des Zauns und machen Sie seine Wünsche zu Ihren. 1982 textete die Werbeagentur *Scholz & Friends* für *Kitekat* „Ist die Katze gesund, freut sich der Mensch". Welcher Katzenfreund wollte da widersprechen? Hätte *Kitekat* behauptet, sein Katzenfutter sei gesünder als andere, hätte der kritische Verbraucher womöglich Fakten gefordert. Da man aber an Stelle eines Leistungsversprechens eine zustimmungswürdige These mit der Marke verknüpft hat, konnte man den kritischen Verstand geschickt umgehen. *Jump Radio* aus Halle behauptet: „Das Leben ist zu kurz für schlechte Musik!" und löst damit zustimmendes Nicken aus. Mit einer versteckten Implikation können Sie auch Ihre Konkurrenz re-positionieren. Wenn *Dr. Best* proklamiert „Die klügere Zahnbürste gibt nach", impliziert dies, dass alle anderen Zahnbürsten offenbar weniger klug sind. *Burger Kings* „Gegrillt und nicht gebraten" relativiert die Qualität der Konkurrenzprodukte und macht das eigene Produkt uneinholbar.

**Die Reframe-Technik**

Zu den kreativsten Methoden des Claimings gehört zweifellos die Reframe-Technik. Reframing bedeutet, Inhalten einen neuen (Bezugs-)Rahmen zu geben. Hierbei wird der gewohnte Betrachtungswinkel zugunsten eines überraschenden neuen Standpunkts in Frage gestellt. Diese Technik wird erfolgreich zur Neukonditionierung und zur Differenzierung eingesetzt. Der Klassiker hierbei: „*Polo*, das Loch mit dem Pfefferminz drum rum". Weitere Beispiele des Reframings: *AOK* „Die Gesundheitskasse", oder *Sunil*: „Wer sauber bleibt, verpasst was".

**Wortspiele und verbaler Neusinn**

Nachdem es immer schwieriger wird, eine unbesetzte Nische zu finden, hat sich eine weitere Art des Claims herausgebildet: der Neusinn. Hierbei handelt es sich um meist humorvolle Wortspiele oder Verballhornung von gängigen Begriffen, Floskeln oder

Redensarten, die diese in einen überraschenden Kontext stellen. Das Motto der *Berliner Stadtreinigung* lautet: „We kehr for You". Der entwaffnende Claim von *Radio Bamberg*: „Geht ohrentief rein!". Diese Claims haben den Vorteil, dass Sie zum Nachdenken zwingen und ein kleines Erfolgserlebnis und Schmunzeln beim Betrachter auslösen. Sie werden als originell und sympathisch erlebt, obwohl, oder gerade weil, sie meist gar nichts (direkt) versprechen. Die Grenzen zwischen Reframing und Neusinn sind fließend und es gibt Mischformen.

**Nonsens-Claims**

Eine vergleichsweise neue Spielart sind die Nonsens-Claims, die einfach nur „gaga" sind: „Alles wird *Afri*", „Alles *Müller* oder was?" oder derbe Provokationen wie: „Geiz ist geil" von *Saturn* und „Eure Eltern werden kotzen", von *Planet Radio*. Sie sind im Consumer-Markt zu finden und sind zu Recht umstritten. Im Business-to-Business-Markt blieb man bisher weitgehend davon verschont.

**Humor ist erlaubt**

Für welche Art der Claimbildung Sie sich entscheiden, hängt nicht nur von Ihrer Positionierung ab, sondern auch von Ihrem Selbstverständnis. Wenn Sie nicht gerade eine Rechtsanwaltskanzlei oder ein Bestattungsinstitut führen, kann eine Prise Humor durchaus förderlich sein, selbst – und gerade – wenn Ihr Konkurrent bierernst daher kommt. Ich habe schon skeptische Unternehmer erlebt, die mit hochgezogenen Augenbrauen bekräftigten, sich „solch humoristische" Aussage nicht erlauben zu können, und die im Nachhinein froh waren, sich dennoch dazu durchgerungen zu haben.

Hier finden Sie einige Beispiele, die Ihnen als Anregung bei der Suche nach Ihrem eigenen Claim dienen.

**Statusorientierte Claims**

Europas größte Motorradzeitschrift. (*Motorrad*, Presse)
Deutschlands größte Krankenkasse. (*Barmer*, Versicherungen)
Deutschlands Geflügelmarke Nr. 1. (*Wiesenhof*, Nahrungsmittel)

Das längste Flugnetz der Welt. (*Air France*, Fluggesellschaft)
Wir sind die Auskunft. (*11833*, Informationsdienst)
Der Nachrichtensender. (*NTV*, TV-Sender)

**Nutzenorientierte Claims**
Vorsprung durch Technik. (*Audi*, Fahrzeuge)
Wir machen den Weg frei. (*Volksbanken und Raiffeisenbanken*)
Wir öffnen Horizonte. (*R+V Versicherung*)
Die Beraterbank. (*Dresdner Bank*, Finanzdienstleistung)
Die Unkomplizierten. (*Winterthur*, Versicherungen)
Wäscht nicht nur sauber, sondern rein. (*Ariel*, Hygiene)
Schmilzt im Mund – nicht in der Hand. (*M&Ms*, Nahrungsmittel)

**Geographischer Bezug**
Ein Bier wie Bayern. (*Löwenbräu*, Brauerei)
Der große Klare aus dem Norden. (*Bommerlunder*, Spirituosen)
Wir versichern Sachsen. (*Sparkassen Versicherung Sachsen*)
Das Frische an Bayern. (*Franziskaner*, Brauerei)

**Merkmalorientierte Claims**
Mein Joghurt hat ne Ecke. (*Müller*, Nahrungsmittel)
Die Koffer mit den Rillen. (*Rimowa*, Gepäck)
Die mit dem Kupferkopf. (*Duracell*, Energie)
Mann, sind die dick, Mann! (*Dickmanns*, Nahrungsmittel)
Samtig weich und bärenstark. (*Charmin*, Hygiene)

**Zielgruppenorientierte Claims**
Wenn Geld für Sie ein Thema ist. (*Geldidee*, Zeitschrift)
Mode für Frauen, die selbst entscheiden. (*Joseph Janard*, Mode)
Für Schlaubucher. (*Avigo*, Touristik)
Für Besseresser. (*Hilcona*, Nahrungsmittel)
Leider teuer. (*René Lezard*, Mode)

**Appellierende Claims**
Leben Sie, wir kümmern uns um die Details. (*HypoVereinsbank*)
Bitte bleiben Sie gesund. (*Abtei*, Arzneimittel)

Think different. (*Apple*, Computer)
Just do it. (*Nike*, Sportartikel)
Werden Sie Augenzeuge. (*N24*, TV-Sender)
Entdecke die Möglichkeiten. (*IKEA*, Einrichtungen)
Listening to the Difference. (*Audiance*, HiFi-Komponenten)

**Versteckte Implikationen**

Ist die Katze gesund, freut sich der Mensch. (*Kitekat*, Tiernahrung)
Das Leben ist zu kurz für schlechte Musik. (*Jump Radio*, Rundfunk)
Gegrillt und nicht gebraten. (*Burger King*, Gastronomie)
Eine Generation weiter. (*Opel*, Fahrzeuge)
Nichts ist unmöglich. (*Toyota*, Fahrzeuge)

LÖBA
Ihr Sonnenschutz-Spezialist
*Sie werden beschattet*

**Claim eines Lieferanten von Markisen**

**Reframing**

Die Gesundheitskasse. (*AOK*, Versicherungen)
*Polo*, das Loch mit dem Pfefferminz drum rum. (*Polo*, Nahrungsmittel)
Diesen Strumpf trägt man nicht – man wird von ihm getragen! (*Elbeo*, Mode)
So wertvoll wie ein kleines Steak. (*Fruchtzwerge*, Nahrungsmittel)
Wer sauber bleibt, verpasst was. (*Sunil*, Hygiene)
Freude am Verfahren. (*Mitsubishi Pajero*, Fahrzeuge)
Denken ist Handeln! (*Boston Consulting Group*, Unternehmens-Berater)
Sind sie zu stark, bist du zu schwach. (*Fisherman's*, Nahrungsmittel)

AUF GEHT'S

**Claim eines Lieferanten von Torantrieben**

**Verbaler Neusinn**

We kehr for You. (*Berliner Stadtreinigung*)
Sie werden beschattet (*Löba*, Sonnenschutz)
Auf geht's. (*T+T Elektro*, Torantriebe)
Eine Frage der Ähre. (*Nennhuber*, Nahrungsmittel/Bäckerei)
The First Glas Service. (*Berl Autoglas*, Kfz-Verglasung)
*CDU* rein, *SPD* heim (*CDU* Reinheim)

Die zwei Wohnsinnigen. (*Kare*, Einrichtungen)
Abschalten können Sie woanders. (*ZDF*, TV-Sender)

**Provokantes**
Das holt die Oma aus dem Koma. (*Wiener*, Zeitschrift)
Wir sind die Guten. (*ProMarkt*, Elektronik)
Geiz ist geil. (*Saturn*, Unterhaltungselektronik)
Ich bin doch nicht blöd. (*MediaMarkt*, Unterhaltungselektronik)

**Nonsens-Claims**
Alles *Müller* oder was? (*Müller*, Nahrungsmittel)
Alles wird *Afri*. (*Afri-Cola*, Getränke)
Sind wir nicht alle ein bisschen *Bluna*? (*Bluna*, Getränke)

## *Duju spiek inglisch?*

**Englischsprachige Claims**

Die zunehmende Neigung, Anglizismen und englischsprachige Claims in der Werbung einzusetzen, hängt sicherlich mit der Internationalisierung der Märkte zusammen. Manche mittelständischen Unternehmen lassen sich von den Global Players zu englischen Aussagen inspirieren. Mitunter liegt freilich der Eindruck nahe, dass hier Internationalität dargestellt wird, die gar nicht vorhanden ist. Der Trend zum Englischen treibt indes auch seltsame Blüten. So wirbt das deutsche Unternehmen *Siemens* in Frankreich französisch, in Spanien spanisch und daheim in Deutschland? Englisch.

**Die Sprachgewohnheiten der Zielgruppe**

Ein Grund für die *Endmark AG*, die Wirkung englischsprachiger Claims im deutschen Markt einmal näher zu untersuchen. In einer Studie im Sommer 2003 wurden über 1.100 Personen zu zwölf aktuell kommunizierten englischen Claims befragt. Das Ergebnis ist für die Unternehmen selbst wie für die Werbefachleute gleichermaßen überraschend: Zehn der zwölf Claims wurden von weniger als der Hälfte der Befragten in vollem Umfang verstanden. In einigen Fällen glaubten die Befragten den Sinn der Aussage zu verstehen, lagen aber mit ihrer Interpretation daneben. „Come in and find out" (*Douglas*) wurde mit „Komm herein und finde wieder heraus" übersetzt. Während „Every time is a good time" (*McDonald's*) von 59 Prozent richtig übersetzt wurde, waren es bei „Be inspired" (*Siemens*) gerade mal fünfzehn Prozent und bei „One Group. Multi Utilities" (*RWE*) mickrige acht Prozent der Probanden.

Was folgert der vernunftbegabte Werbemacher? Englische Claims machen also vor allem dort Sinn, wo sie zum Sprachgebrauch der Zielgruppe passen. Für Massenmärkte sind sie nur bedingt geeignet. Der Erfolg beginnt eben auch hier im Kopf des Kunden.

*Braintool:*
## *So finden Sie Ihren Claim*

1. **Prüfen Sie, welche Methode zu Ihnen passt**
   Gehen Sie die im Kapitel beschriebenen Techniken durch und überlegen Sie, welche Möglichkeiten diese bieten, Ihre Botschaft auf den Punkt zu bringen.

2. **Achten Sie auf Ihre Konkurrenz**
   Recherchieren Sie, wie Ihr Wettbewerb sich darstellt und welche Nischen er bereits besetzt hat. Stellen Sie sicher, dass Sie nicht das zweite oder dritte „Autohaus mit der Riesenauswahl" sind.

**Braintool:**
***Denken + machen***

3. **Vermeiden Sie Allgemeines**
   Meiden Sie abgegriffene Allgemeinplätze wie Qualität, Service und dergleichen. Das setzt Ihr Kunde ohnehin voraus. Auch Kundenorientierung und -zufriedenheit verspricht heute jeder. Dies müssen Sie nicht behaupten, sondern beweisen. Finden Sie für Ihre Marke eine außergewöhnliche Aussage.

4. **Bleiben Sie einfach und natürlich**
   Vermeiden Sie es, gestelzte Ausdrucksweisen oder fremdartige Begriffe zu benutzen. Sagen Sie Ungewöhnliches mit gewöhnlichen Worten.

5. **Versprechen Sie nur, was Sie halten können**
   Natürlich dürfen Sie idealisieren. Versuchen Sie aber nicht, etwas darzustellen, was Sie nicht sind. Werbesprüche wie „Die ganze Welt des Traumbades" für 50 qm Ausstellung gehen schnell nach hinten los. Nichts ist sensibler als ein Kunde. Erwecken Sie also keine Erwartungen, die Sie nicht erfüllen können.

6. **Nutzen Sie Bekanntes**
   Suchen Sie eine Redensart, die Sie durch geringe Veränderungen für sich nutzen können. Wie sagen die *Eichhorn*

*Autohäuser*: „Alle guten Dinge sind zwei" und *Unser Radio* textete: „Wer fühlen will, muss hören."

7. **Seien Sie zeitgemäß**
   Werte und Vorstellungen wandeln sich im Laufe der Zeit. Achten Sie darauf, dass Ihr Claim in die Zeit passt. Ein Beispiel aus dem Bereich Damenhygiene: *Camelia* 1950: „*Camelia* gibt allen Frauen Sicherheit und Selbstvertrauen". *Alldays* 2003: „Die könnte deinem Slip so passen". Jeder der beiden Claims wäre in der Zeit des anderen undenkbar.

8. **Kurz und gut**
   Je weniger Worte Ihr Claim hat, desto besser. Erstens ist er packender und prägnanter und zweitens kann er dann größer abgedruckt werden. Der seit 1957 benutzte Claim „Hoffentlich *Allianz* versichert" schrumpfte 2003 auf „Hoffentlich *Allianz*".

9. **Achten Sie auf Verständlichkeit und Phonetik**
   Ihr Claim sollte Ihnen und anderen gut von der Zunge gehen. Überfordern Sie Ihre Zielgruppe nicht. Ob „Stimulate Your Senses" (*Loewe*) und „Quality evolved from nature" (*Walter Rau*) wirklich packende Claims darstellen, hängt wesentlich von deren Sprachgewohnheiten ab. Gute Claims müssen nicht zwangsläufig englisch daherkommen.

10. **Schützen Sie Ihren Claim**
    Auch Ihren Claim sollten Sie schützen lassen. Wenden Sie sich an das Deutsche Patent- und Markenamt in München oder an eines der zwanzig Patent-Informationszentren.

# Es ist Frühling

## Wie die Kommunikation unsere Entscheidungen beeinflusst

Ein Werbefachmann und sein Kunde unterhielten sich auf dem Weg zum Mittagessen angeregt darüber, wie sich Werbung auf Entscheidungen auswirke. Sind es in erster Linie Fakten, die zählen, oder hat der Verstand weniger mitzureden, als man glaubt? Ihr Weg führte sie an einem Bettler vorbei, der still und teilnahmslos am Straßenrand hockte. Er trug einen abgewetzten Anzug und eine dunkle Brille und auf dem Pappschild, das vor ihm stand, war zu lesen: „Ich bin blind".

**Wirksame Kommunikation zielt auf das Herz**

In dem Hut, der vor ihm lag, waren einige kleine Münzen zu sehen. Als der Kunde ihn sah, blieb er stehen, kramte einige Geldstücke aus der Hosentasche und warf sie in den Hut des Bettlers. Der Werbemann sah schweigend zu. Nach kurzer Zeit zog er einen Filzschreiber aus der Brusttasche, nahm das Schild des blinden Mannes, drehte es herum und schrieb etwas darauf. Als er es zurückstellte, war darauf zu lesen: „Es ist Frühling. Die Natur erwacht. Sie können es sehen, ich nicht."

**Kommunikation ist das, was ankommt**

Haben Sie schon einmal darüber nachgedacht, was Kommunikation eigentlich ist?
Ein Sender richtet eine Botschaft über einen bestimmten Kanal an einen Empfänger, um eine Wirkung zu erzielen. So steht es jedenfalls im Schulbuch. Die Praxis ist allerdings etwas komplizierter: Kommunikation ist *das, was ankommt.*

**2.500 Werbebotschaften täglich**

Wenn wir den Statistikern glauben dürfen, prasseln täglich 2.500 Werbebotschaften auf uns ein. Können Sie sich an, sagen wir, fünf von heute erinnern? Wenn nicht, liegt das wohl an der Gnade des selektiven Wahrnehmungsvermögens, das uns die Natur dereinst in weiser Voraussicht schenkte. Diese wunderbare Einrichtung filtert aus den vielen Tausend Reizen, die uns täglich penetrieren, diejenigen heraus, die nicht zu unserer augenblick-

**Psychologischer Spam-Filter**

lichen Bedarfssituation passen. Ein psychologischer Spam-Filter sozusagen.

***Es ist also unmaßgeblich, wenn ein Sender eine Botschaft über einen bestimmten Kanal auf uns richtet. Kommunikation ist das, was ankommt.***

**Informieren heißt Sinn vermitteln**

Wovon ist abhängig, ob eine Botschaft ankommt? Wann wird beispielsweise ein Text gelesen und erinnert? Das Wesen der Kommunikation liegt nicht darin zu informieren, sondern Sinn zu vermitteln. Sinn oder Bedeutung vermitteln heißt für uns, eine Information mit einem Bedürfnis des Empfängers zu verknüpfen. Erinnern Sie sich an die Mutter aller Fragen: „Was ist für mich dabei drin?" Menschen lesen einen Text dann, wenn sie sich einen Vorteil davon versprechen, nämlich die Befriedigung eines Bedürfnisses. Oftmals sind die Dinge nicht so, wie sie vordergründig zu sein scheinen. Was zählt, sind die Dinge hinter den Dingen.

**Was zählt, sind die Dinge hinter den Dingen**

Die Psychologie bietet verschiedene Modelle an, um die Grundbedürfnisse des Menschen zu erklären. Für unsere Zwecke genügt uns die folgende, grob vereinfachte Darstellung:

**Unsere Basic Needs ...**

Jeder Mensch besitzt vier Grundbedürfnisse, so genannte Basic Needs. Im Englischen beginnen sie alle mit „P":

- **Pride**
  Stolz, Ansehen, soziale Akzeptanz

- **Pleasure**
  Spaß, Unterhaltung, Vergnügen, Humor

- **Profit**
  Gewinnstreben, Einsparung, Macht, Vorteil, Behauptung

- **Peace**
  Ruhe, Frieden, Sicherheit, Vereinfachung, Bequemlichkeit

Jede unserer Handlungen und Entscheidungen dient in letzter Konsequenz dazu, eines dieser Bedürfnisse zu befriedigen – oder anders gesagt: Auf eines dieser vier „Basic Needs" lassen sich all unsere Entscheidungen zurückführen. Das ist der Grund dafür, dass Menschen 40.000 USD für eine Uhr bezahlen, die die Zeit ebenso präzise anzeigt wie eine Swatch.

**... treffen unsere Entscheidungen mit**

Was heißt das für Ihre Leistungen und Ihre Kommunikation? Sie muss sich an den Bedürfnissen Ihrer Zielgruppe ausrichten. Dazu müssen Sie:

**Kommunikation an den Bedürfnissen des Empfängers ausrichten**

- Die aktuellen Bedürfnisse Ihrer Zielgruppe erkennen
- Eine geeignete Antwort darauf entwickeln
- Dafür sorgen, dass der Kunde Sie als die bestmögliche Lösung für seine Situation erkennt

**Fehlende Information wird durch Vertrauen ersetzt**

Und welche Leistung erkennt der Kunde als die bestmögliche Lösung? Die mit der passenden Funktion? Falsch. Die mit dem passenden *Image*. Erinnern wir uns: Zahlreiche Anbieter wetteifern mit mehr oder weniger austauschbaren Produkten, um die Gunst des Kunden. Der Kunde hat die Wahl – aber er ist kein Fachmann. Kann er denn die Produkte aller Anbieter nach objektiven Kriterien vergleichen? Wohl kaum. Er ersetzt die fehlende Information durch Vertrauen. Es muss Ihnen gelingen, die Schublade des „perfekt passender Problemlösers" im Kopf Ihrer Kunden zu öffnen und zu besetzen.

**Starke Marken haben Fans**

Das ist der Grund dafür, dass es immer wichtiger wird, das Unternehmen als Marke zu betrachten. Starke Marken wie *Apple*, *Ferrari*, *Nike* oder *Bang & Olufsen* haben nicht nur Kunden, sie haben Fans. Das Erfolgsrezept der Global Player gilt auch für kleine und mittelständische Unternehmen. Sie benötigen dazu keine Millionenetats, Sie brauchen dazu vor allem zwei Dinge: die tragende Idee und die nötige Beharrlichkeit.

**Wahrhaftigkeit**

Mindestens genauso wichtig ist Wahrhaftigkeit. Markenkommunikation setzt auf Emotionalität, um Kaufentscheidungen gezielt zu beeinflussen. Das ist legitim, denn die gegenseitige Beeinflussung gehört seit Jahrtausenden zum sozialen Miteinander. Illegitim wird es, wenn leeres Stroh gedroschen wird, wenn der Verbraucher getäuscht und wenn schillernde Erlebnis-Versprechungen gemacht werden, die nicht haltbar sind. Das wird in Zukunft nicht mehr funktionieren. Solche Marken werden zukünftig in der Bedeutungslosigkeit versinken.

## *Sprechen Sie das Gefühl an*

**Der Bauch entscheidet, der Kopf darf nachrechnen**

Um zu verstehen, wie eine Entscheidung zu Stande kommt, schauen wir uns das aus der Psychologie bekannte Eisberg-Modell an. Es besagt, dass die Entscheidungsfindung des Menschen einem Eisberg gleicht, von dem ja bekanntlich nur ein Siebtel sichtbar ist. Während wir vorgeben (und selbst glauben), unsere Entscheidung auf der Basis rationalen, logischen Denkens zu treffen, vollzieht

**Das Eisberg-Modell**

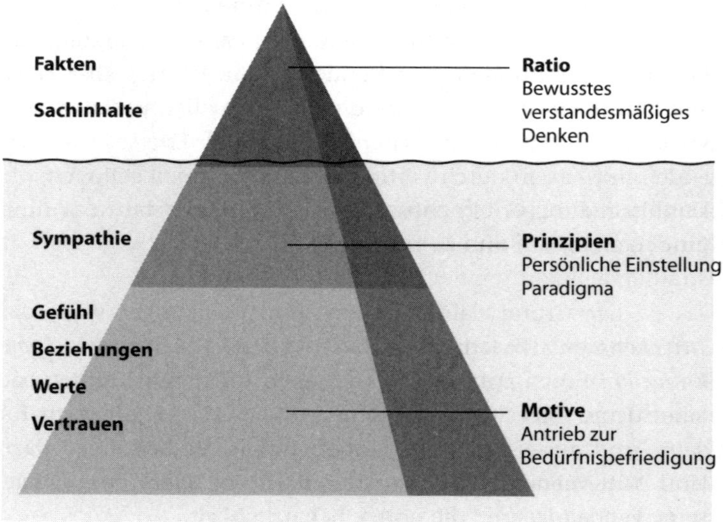

sich das maßgebliche Geschehen in Wahrheit in der unbewussten Tiefe der Psyche. Es wird später nur noch mit dem Verstand rechtfertigt. Der „sichtbare“ Teil, die Ratio, überlegt, während der andere, unsichtbare, emotionale Teil die Entscheidung längst getroffen hat. Einfacher gesagt: Der Bauch entscheidet, der Kopf darf nachrechnen. Die Werbeprofis der Konzerne wissen das längst und lassen sich allerlei einfallen, um ihre Produkte emotional aufzuladen. Da fahren sportliche Autos auf menschenleeren Küstenstraßen und vermitteln uns das Gefühl von Freiheit und Selbstbestimmung. Wann sind Sie zuletzt auf einer menschenleeren Küstenstraße gefahren? Kein Wort über Produktmerkmale wie Motorleistung oder Kraftstoffverbrauch. Nur Gefühl.

Aber verlieren Sie dabei Ihr Produkt nicht aus den Augen. Wenn Sie Gefühle verkaufen, heißt das nicht, dass Sie sich in der Beliebigkeit verlieren. Ihre Aussage muss zum Produkt passen und plausibel bleiben.

## *Wie lautet Ihre emotionale Botschaft?*

**Gefühl schlägt Verstand**

Jetzt kann man ja endlich Bilder per Handy übertragen. Wer hat das vermisst? Bei *Vodafone* dramatisiert man den emotionalen Grenznutzen, indem man ein schüchternes Girly zeigt, das einem smarten Schwarm eine herzzerreißende visuelle Liebeserklärung via Handy schickt. Nur Gefühl!

***RWE***

Das Versorgungsunternehmen *RWE* entführt uns mit seiner Imagine-Kampagne (John Lennon) und neugierigen Kindern in die strahlende Zukunft einer besseren Welt. Nur Gefühl!

***Langnese, Bacardi, Raffaello***

Von *Langnese* (Beachparty) über *Bacardi* (Beachparty) bis zu *Raffaello* (Beachparty) werden Erlebniswelten inszeniert und Sehnsüchte geweckt. Nur Gefühl!

Und wie verkauft der mittelständische Maschinenbaubetrieb seine Fräsmaschine? Mit Fakten!

# *Von Fleckenzwergen und weißen Riesen*

### *So verankern Sie Ihre Botschaft mit einem visuellen Schlüssel*

**Die Werbefigur schlechthin: Die *Milka*-Kuh**

Vor über 100 Jahren erfand Philippe Suchard die Schokolade neu. Er mischte Kakao mit Milch und gab seinem leckeren Erzeugnis einen Namen: *Milka*. Um zu verdeutlichen, dass nur beste Alpenmilch gut genug war, um die *Milka* zu verfeinern, zeigte die lilafarbene Verpackung eine Kuh vor unberührter Alpenlandschaft. Als der Grafiker Sandor Szabo gute siebzig Jahre später für *Milka* die lila Kuh erfand, ahnte er nicht, dass er ein Stück Werbegeschichte geschrieben hatte. Sie wurde so bekannt, dass sie zum Synonym für die Werbefigur schlechthin wurde. 1995 malte während einer Malaktion mit 40.000 Kindern in Bayern jedes dritte Kind die Kuh lila aus.

***Bärenmarke***

Die lila Kuh ist nicht die einzige Kuriosität, die uns in der unberührten Alpenlandschaft begegnet. Auch der knuddelige *Bärenmarke*-Repräsentant ist mit seiner Milchkanne unterwegs. Haben Sie sich jemals gefragt, wie der Bär auf die Alm kommt? Und was hat ein Bär eigentlich mit Milchkannen zu tun? Dass der Bär zum Markenzeichen des Kondensmilchherstellers wurde, findet seinen Ursprung im Stadtwappen von Bern. 1912 zierte er erstmalig das Dosenetikett und in den fünfziger Jahren erschienen die ersten Werbespots in den Kinos, später auch im TV. Er avancierte zu einer der beliebtesten Werbefiguren Deutschlands.

Die Schoko-Kuh und der Milch-Bär stehen für ein Prinzip, dass uns täglich in zahlreichen Werbebotschaften begegnet: das Key Visual.

## *Der Mensch denkt in Bildern*

**Der visuelle Schlüssel**

Das Key Visual, der „visuelle Schlüssel“, ist ein bildliches Symbol, das eng mit der Marke verknüpft ist und seine Kernaussage im Kopf des Betrachters verankert. Key Visuals eignen sich hervorragend, um Werbebotschaften zu emotionalisieren und die Positionierung und die Markenpersönlichkeit zu unterstreichen. Die Kuh macht die *Milka*-Schokolade zu etwas Besonderem, zu einem Original. Keinem anderen Schokoladenhersteller würde einfallen, diese Idee zu kopieren.

**Bilder erhöhen die Prägnanz**

Aber das Key Visual kann noch mehr: Es erhöht neben der Prägnanz auch den Erinnerungswert der Botschaft und damit den kumulativen Effekt Ihrer Kampagne.

**Bilder sind schneller erfassbar als Texte**

Der wertvollste Aspekt des Key Visuals ist die Verdichtung Ihrer Botschaft zum Bild. Ein Beispiel: Um eine durchschnittliche Anzeige inhaltlich zu erfassen, benötigen Sie etwa 60 Sekunden. Die Zeitspanne, die der Durchschnittsleser für die Beachtung einer Anzeige aufwendet, liegt aber bei weniger als zwei Sekunden. Bilder wirken einfach schneller als Texte. Infolgedessen ist es die Aufgabe der bildlichen Darstellung, die Aufmerksamkeit des Betrachters zu fesseln und einen Leseanreiz zu erzeugen.

**Sympathiefiguren als Produktpresenter**

Nun gibt es eine ganze Reihe von Techniken, ein wirksames Key Visual zu gestalten. Wie wir eingangs bereits sahen, stellt der Einsatz von Sympathiefiguren als Presenter ein äußerst wirksames Kommunikationsvehikel dar. Der schlaue Bausparfuchs, der Beratungskompetenz vermittelt, Captain *Iglo*, der die Abenteuerlust anspricht oder der *Kellogg's*-Tiger, der *Nesquik*-Hase, die Fleckenzwerge – sie alle stehen für eine ganze Heerschar von Charakteren, die die Köpfe der Verbraucher bevölkern. Besonders Kinder sind für solche Art der visualisierten Botschaften sehr empfänglich.

**Nahezu unbegrenzte Einsatzmöglichkeiten**

Ein solcher Presenter bietet aber noch weitere Vorteile: Er lässt sich gestalterisch optimal auf die Zielgruppe abstimmen und bietet nahezu unbegrenzte Einsatzmöglichkeiten: So kann er beispielsweise in Anzeigenmotiven, in Schaufenstern, auf dem Messestand oder auf der Produktverpackung in Erscheinung treten. Er kann Fahrzeuge und T-Shirts zieren oder als Giveaway wie Kalender, Mousepad, Kaffeebecher oder Bildschirmschoner dienen. Originell gestaltete Werbegeschenke verlieren ihren Reklamecharakter und werden gern benutzt.

**Die visualisierte Parabel**

Eine weitere Variante des Key Visuals ist die visualisierte Parabel. Hierbei werden Situationen übersteigert dargestellt. Ein Beispiel ist der *Weiße Riese* mit seiner Riesen-Waschkraft. Nachdem hunderte Schulkinder ein gigantisches Laken beim Toben verschmutzten, lässt er es wieder blütenweiß erstrahlen. Der Segelschoner der Bremer *Becks*-Brauerei trägt mit seinen grünen Segeln die Sehnsucht nach Freiheit und Weltläufigkeit in unsere Wohnzimmer. Die *Punica*-Oase dramatisiert den Grenznutzen des Getränks als Durstlöscher für einen fast vertrockneten Wüstenwanderer. Der Fels in der Brandung der *Württembergischen Versicherung* symbolisiert den starken Halt, den wir uns für unsere Familie in unsteten Zeiten alle wünschen.

**Farben und Formen als Key Visual**

Auch Farben und Formen können als Key Visual dienen. Denken Sie nur an das sprichwörtliche *Ferrari*-Rot, den gelben *Yello*-Strom, die Red-Kampagne der Zigarettenmarke *Marlboro* oder die Wüstenrot-Kampagne. Die *Permaton GmbH*, Spezialist für Bauwerksabdichtung, setzt bei ihrer Arbeit knallgelbe Fugenbänder ein. Das Material sticht auf der Baustelle stark ins Auge und signalisiert jedem Insider sofort, dass hier *Permaton* dafür sorgt, dass der Bauherr trockene Füße hat.

***Ritter Sport* und *Toblerone***

Außergewöhnliche Formen begegnen uns bei der Zeitschrift *Wörkshop* oder bei der „quadratisch-praktisch-guten" *Ritter-Sport*-Schokolade. Auch die Schweizer *Toblerone* hält ein Patent auf ihre charakteristische dreieckige Form.

**Gesten und Körpersprache**

Selbst Gesten und Körpersprache können zum Key Visual für eine Marke werden, wie wir aus den Kampagnen für die *T-Aktie* und den Knusperriegel *Twix* wissen. „Mit dem Zweiten sieht man besser" behauptet das *ZDF* mit zugehaltenem Auge und die

Bitte-ein-*Bit*-Kampagne interpretierte gar jedes Handheben zur Getränkeorder um.

**Productproof als Key Visual**

Ferner liefert das Produkt selbst Gelegenheit, Key Visuals zu erzeugen. Bestimmte Produktmerkmale nämlich veranschaulichen – ja beweisen geradezu – den Mehrwert und die Einzigartigkeit ihrer Träger. Man spricht hier vom so genannten Productproof. Beispiele hierfür sind die *Duracell*-Batterie mit ihrem Kupferkopf, die *Signal*-Zahnpasta mit den rot-weißen Streifen und das Joghurt zum Knicken von *Müller*. Und dass *Ferreros Kinder-Happy-Hippos* die dicken Knubbel benötigen, um das Mehr an Milch unterzukriegen, ist ja allgemein bekannt.

Wie wir sehen, gibt es ein breites Spektrum an Möglichkeiten, die Kernbotschaft zu visualisieren und tief im Langzeitgedächtnis der Verbraucher einzugraben. Welcher visuelle Schlüssel könnte für Ihr Produkt oder Ihre Leistung in Frage kommen?

## *Die Schublade nicht nur füllen, sondern auch schließen*

**Das Nicken *im* Kopf des Betrachters**

Die durchschlagende Kraft Ihres Key Visuals wird noch verstärkt, wenn sie ein „Nicken im Kopf“ des Betrachters erzeugt. Sehr effektiv ist es, die Botschaft zu codieren, damit die Decodierung im Kopf des Empfängers stattfindet. Die unwillkürliche Auseinandersetzung mit den Inhalten und das Aha-Erlebnis beim Verstehen verankert die Botschaft im Unterbewusstsein. Es ist, als würde die Schublade im Kopf nicht nur gefüllt, sondern mit einem leichten Klicken geschlossen werden.

**Produktaffinität**

Ein wichtiges Kriterium ist die Produktaffinität des Key Visuals. Während beispielsweise der *Salamander*-Lurchi oder der *Linux*-Pinguin keine erkennbare Gemeinsamkeit mit dem repräsentierten Produkt aufweisen, ist das bei dem kleinen Comic-Stier von *Red Bull* ganz anders. Der kleine Kerl ist (wie) geschaffen dafür, die Wirkung eines Energydrinks, der *Red Bull* heißt und angeblich Flügel verleiht, zu visualisieren, ohne ins Martialische abzugleiten. Die ganze Kraft eines schnaubenden Bullen und dann noch Flügel, wow.

Das ReppTil

Als Sympathiefigur für einen Augenoptiker mit dem Namen *Repp* entwarfen wir das *ReppTil*, ein lustiges krokodilähnliches Kerlchen, das sich mit seinen Wortspielen bald ins Herz der Kunden geschlichen hatte. Mal warb es für Brillen, die ins Auge stechen, mal bot es die *Repp*Aratur der Fassung an oder gratulierte zum „*Reppy* Birthday“. Ein zweifellos schwer kopierbares kommunikatives Gestaltungsmerkmal, das seine Wirkung nicht verfehlte.

Der Seh-Löwe

Ein anderer Augenoptiker, der dergestalt inspiriert ebenfalls einen Presenter wünschte, bekam einen Seh-Löwen. Die Kampagne zeigte einen Comic-Löwen, der Brillen in lustigen Alltagssituationen bewarb. Zur Neueröffnung seines Geschäfts dekorierte der Augenoptiker passend zur Anzeigen-Kampagne seine Räume mit unzähligen bebrillten Löwen-Stofftieren, die er später an Kunden verschenkte – ein voller Erfolg.

## *Erfinden Sie Ihr Business neu*

*Fallbeispiel: MedImage – Digital Imaging in der Medizin*

*„Wir entwickeln, fertigen und installieren Hightech-Lösungen für das medizinische Bildmanagement und Software zur digitalen Archivierung, Darstellung und Bearbeitung medizinischer Bilddaten, basierend auf PC/Windows-Architektur. Vepro ist Marktführer im Bereich des medizinischen Bildmanagements weltweit."* (*Vepro.de*)

Die Firma *Vepro Computersysteme GmbH* im südhessischen Pfungstadt ist auf digitales Bildmanagement in der Medizin spezialisiert. Wurden vormals Röntgenbilder konventionell erstellt und Krankenakten von Abteilung zu Abteilung weiter gereicht, wird der gesamte Prozess durch das Programm *MedImage* digitalisiert. Vepro bietet neben der Software auch die komplette Hardwareausstattung, die Installation, Betreuung und Schulung an. Der Facharzt hat alle patientenrelevanten Daten und Bilder auf Mausklick zur Verfügung und stellt die Diagnose direkt am Bildschirm.

**Situation:**

**Psychologische Vorbehalte**

Das mittelständische Unternehmen musste sich im internationalen Markt dem Wettbewerb der Großkonzerne stellen, die neben ihrer Reputation auch über beträchtliche Werbebudgets verfügten. Zwar war die PC-gestützte Lösung von *Vepro* deutlich preisgünstiger als die Workstations der Wettbewerber, der PC galt jedoch in den Köpfen der Kunden als weniger leistungsfähig. Dieser psychologische Vorbehalt musste eliminiert werden. Man beauftragte uns damit, eine Lösung zu finden.

**Lösung:**

**Den Fokus auf den Nutzen gerichtet**

Wer entscheidet in den Kliniken über die Anschaffung eines Imaging-Systems? Die Fachärzte. Die Erfahrung zeigte, dass der leitende Arzt in der Regel kein Allgemein-Programm, sondern eine spezielle Lösung für seinen eigenen Fachbereich wünschte. Da die Ärzte mehr am unmittelbaren Nutzen für ihren Arbeitsablauf als an den technischen Details interessiert waren, wurde die Argumentation entsprechend aufbereitet.

**Vom PC zur Workstation**

Die Hauptwettbewerber waren Unternehmen, deren Namen für viele Produktbereiche standen und für die medizinisches Bildmanagement nur einen Teil des Portfolios darstellte. *MedImage* positionierte sich also als Nischen-Spezialist. Wir schafften ein Erscheinungsbild, das sein Selbstverständnis als das medizinische Bildmanagement-System selbstbewusst betont. Um den eingesetzten PCs den „Consumer-Charakter" zu nehmen, wurden sie zu Workstations stilisiert und in eigens dafür entworfenen Gehäusen untergebracht.

**Veranschaulichung der Prozesse durch bildhafte Darstellung**

Die Gestaltung der Kommunikationsmittel folgte einem klaren Schema: Das Unternehmen stellt seine Historie und seine Kernkompetenzen in einem allgemeinen Imageprospekt dar. Als Key Visual dient dabei die stilisierte Darstellung einer Klinik mit ihren Fachbereichen Radiologie, Cardiologie, Orthopädie. Für die einzelnen Fachbereiche wurden jeweils eigene Prospekte erstellt, die das Rechner-Netzwerk mit seinen Funktionen in der jeweiligen Anwendung veranschaulichen. Eine schematische Darstellung zeigt den Workflow: Bildgewinnung, Speicherung, Diagnose und schließlich Archivierung von Bild- und Filmmaterial. Das Netzwerk erscheint im Kontext mit medizinischen Geräten, die der Facharzt benutzt. Die technischen Produktmerkmale der Netzwerkkomponenten werden in gesondert beigefügten Datenblättern dokumentiert. Um

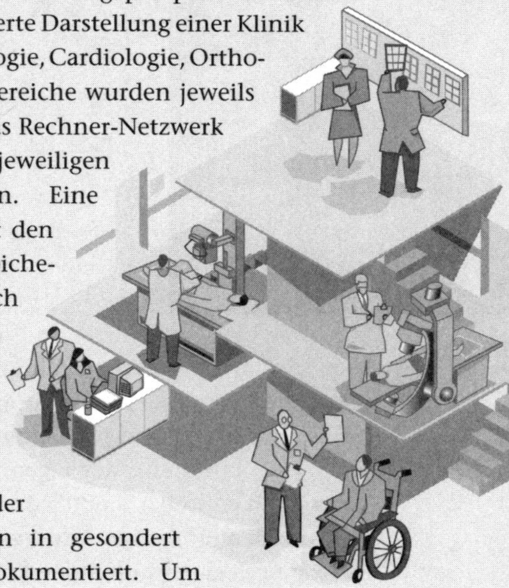

**Nur relevante Information**

Vertrauen zu schaffen, zeigte die Broschüre eine Weltkarte mit der Anzahl der installierten Systeme und den internationalen Vertriebspartnern. Diese Informationsstruktur stellt sicher, dass jeder Entscheider an Stelle eines umfangreichen Kataloges nur die Informationen erhielt, die ihn interessierten. Die Dokumente sind auf der Website zum Download bereitgestellt.

**Konsequenter Kommunikationsstil**

Die Website folgt der gleichen Informations-Struktur unter Verwendung der gleichen grafischen Elemente. Diese Gestaltungselemente werden auch beim Erstellen individueller Angebote eingesetzt. Der Kunde bekommt sein zukünftiges Netzwerk als individuelles Schaubild vorgelegt. Der grafische Stil prägte Präsentationen, Multimeda-Anwendungen (CD-ROM) und Messestände. Anzeigenkampagnen in internationalen Fachpublikationen unterstützen den Bekanntheitsgrad der Marke.

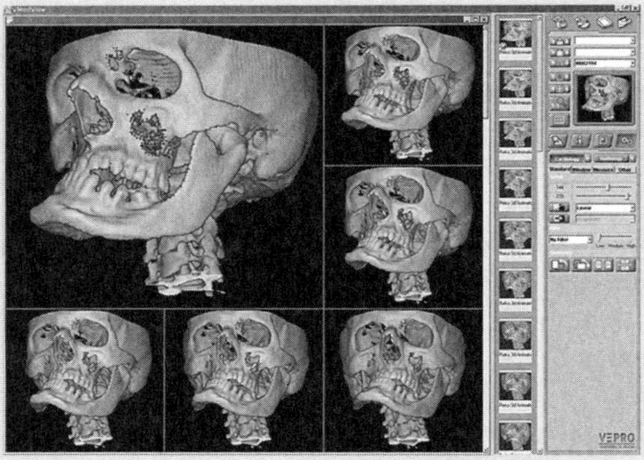


**Interface-Design**

Später gestalteten wir gemeinsam mit den Softwareentwicklern das Interface-Design von *MedImage*. Es richtet sich im „Look and Feel" konsequent am visuellen Erscheinungsbild der Marke aus und unterscheidet sich deutlich von anderen Programmen.

Der Marktauftritt wurde zu einem vollen Erfolg und die Zahl der installierten Systeme stieg in den vergangenen Jahren kontinuierlich. Im Jahr 2002 setzte die *Vepro GmbH* mit 70 Mitarbeitern 9,5 Millionen EUR um. Heute ist *Vepro* eine hochprofitable Aktiengesellschaft und plant eine Erhöhung des Eigenkapitals auf 500.000 EUR. *MedImage* zählt mit über 3.600 Installationen in 60 Ländern (Stand 2003) zu den führenden Anwendungen für digitales Bildmanagement im gesamten humanmedizinischen Umfeld.

*Braintool:*
## *Wie Sie Ihr Key Visual finden*

**Braintool:**
***Denken + machen***

1. **Schreiben Sie Ihre Eigenschaften und Stärken auf**
   Schreiben Sie alle Eigenschaften auf, die Ihr Produkt charakterisieren oder die eine besondere Stärke Ihrer Marke darstellen.

2. **Finden Sie das herausragende Merkmal**
   Welches ist das aussagefähigste Merkmal Ihrer Marke? Was unterscheidet Sie am deutlichsten vom Wettbewerb?

3. **Das Besondere am Produkt**
   Welche Chancen für ein Key Visual bietet Ihr Produkt selbst? Können Sie es durch ein originäres visuelles Gestaltungsmerkmal unverwechselbar machen? Denken Sie beispielsweise an das „taillierte" Süßstoffdöschen von *Natreen*.

4. **Suchen Sie Analogien**
   Wie könnte man die Eigenschaften Ihres Produkts darstellen? Welche Bilder, welche Analogien aus der Natur, der Tierwelt oder anderen Bereichen fallen Ihnen ein?

5. **Name, Standort und Herkunft**
   Lässt sich eine originelle Idee aus Ihrem Namen, Ihrem Standort oder Ihrer Herkunft ableiten?

6. **Verpackung und Umverpackung**
   Liegen in der Verpackung Ihrer Produkte vielleicht gestalterische Möglichkeiten für ein Key Visual? Denken Sie beispielsweise an unerwartete Verpackungen (zum Beispiel ein T-Shirt in einer Konservendose).

7. **Was machen die anderen?**
   Schauen Sie sich die Key Visuals anderer Anbieter an und analysieren Sie das zugrunde liegende Wirkprinzip. Lässt es sich auf Ihre Situation abwandeln und übertragen?

8. **Suchen Sie Inspiration in den Medien**
   Lassen Sie sich durch das Blättern in Zeitschriften und Katalogen inspirieren.

9. **Realisieren Sie Ihre Idee professionell**
   Beauftragen Sie einen professionellen Gestalter mit der grafischen Umsetzung Ihrer Idee. Achten Sie darauf, dass Sie mit der Bezahlung die uneingeschränkten Nutzungsrechte an der Arbeit erwerben.

10. **Nutzen Sie die Ideen eines Profis**
    Sollte Ihnen keine überzeugende Lösung einfallen, nehmen Sie die professionelle Hilfe einer Werbeagentur in Anspruch. Gehen Sie keine Kompromisse bei der Qualität Ihrer Unternehmenskommunikation ein.

*Braintool:*

## *Das sollten Sie bei der Wahl Ihres Key Visuals beachten*

Ihr Key Visual sollte zu Ihnen passen und Ihre Botschaft unterstützen. Folgende Kriterien sind von Bedeutung:

**Braintool:**
***Denken + machen***

1. **Plausibilität**
   Ihr Key Visual muss für Ihre Zielgruppe schnell verständlich und nachvollziehbar sein. Geben Sie dem Betrachter keine Rätsel auf, die nur der Fachmann versteht. Setzen Sie beim Entwickeln Ihrer Idee immer wieder die Kundenbrille auf.

2. **„Konserven" vermeiden**
   Ihr Key Visual muss einzigartig und unverwechselbar sein. Vermeiden Sie Bilder aus ClipArt- oder Foto-Archiven, die Ihnen überraschend im Prospekt Ihrer Konkurrenz begegnen könnten.

3. **Anwendbarkeit**
   Ihr Key Visual sollte sich in möglichst viele Kommunikationsmaßnahmen einbinden lassen, um einen konsistenten visuellen Auftritt Ihrer Marke zu schaffen.

4. **Vielseitigkeit**
   Ihr Key Visual sollte Gestaltungsspielraum zum Einsatz als Giveaway, als Dankeschön für Ihre Kunden, in Preisausschreiben etc. bieten.

5. **Gefühle ansprechen**
   Laden Sie Ihr Key Visual emotional auf. Mit einer Analogie beispielsweise, die zwar in sich stimmig, aber unspektakulär ist, lässt sich heute niemand mehr beeindrucken.

6. **Akzeptanz schaffen**
   Wenn Sie im Consumer-Markt sind, können Sie Ihre Zielgruppe mit einbinden, indem Sie beispielsweise einen Wettbewerb ausschreiben, um einen Namen für Ihr neues Maskottchen zu finden. (Die *No Angels* kamen so zu Ihrem Namen). Auch ein firmeninterner Namenswettbewerb schafft rasche Identifikation. Verschenken Sie nette Giveaways mit Ihrem Presenter.

7. **Gewöhnliches wird nicht beachtet**
   Als *Esso* seinerzeit den Tiger in den Tank packte, war das noch originell. Heute müssen Sie schon mit ungewöhnlichen Ideen aufwarten, um in der Flut der Werbebotschaften wahrgenommen zu werden.

# Das Auge entscheidet

## Das Erscheinungsbild Ihrer Marke

**Der Halo-Effekt**

Kennen Sie den Halo-Effekt? Er kommt von Halo (engl. = Glorienschein) und besagt, dass jedes wahrgenommene Detail über eine Sache „abstrahlt", also in Bezug zum Ganzen gesehen wird. Der Mensch neigt dazu, vom Einzelnen auf das Ganze zu schließen. Ein Unternehmen, das Wert auf sein Äußeres legt und sich professionell darstellt, handelt wahrscheinlich auch sonst professionell. Dinge, die in sich stimmig und überzeugend gestaltet sind, lösen eher Zustimmung aus. Die meisten von uns glauben sogar, dass schönere Menschen intelligenter sind als durchschnittlich aussehende.

**Sie werden nach Ihrem Erscheinungsbild beurteilt**

Der Betrachter, der Ihr Unternehmen nicht nach seiner Leistung beurteilen kann, sucht infolgedessen ein Ersatzkriterium, das er zur Beurteilung heranzieht. Er schließt von dem, was er sieht, Ihrem Logo, Ihrem Briefbogen, Ihrer Visitenkarte oder Homepage auf das Unternehmen selbst. Da Sie unmöglich kein Erscheinungsbild haben können, haben Sie entweder ein förderliches oder ein schlechtes.

**Wildwuchs**

Zwar ist die Sensibilität für die Bedeutung des Unternehmenserscheinungsbildes in den letzten Jahren deutlich gestiegen, dennoch herrscht in diesem Bereich vielerorts noch immer ein erschreckender Wildwuchs. Und das ist gut so. Warum? Weil es Ihnen die Chance eröffnet, durch ein stimmiges und überzeugendes Erscheinungsbild bei Ihrer Zielgruppe zu punkten.

**Design ist Arbeit für den Profi**

Es lohnt sich also, bei seiner Entwicklung mit großer Sorgfalt vorzugehen und einen versierten Fachmann damit zu beauftragen, denn es handelt sich um eine der wichtigsten Investitionen in die Zukunft Ihres Unternehmens.

Folgende Gründe sprechen dafür:

**Vermeiden Sie Mittelmäßigkeit**

Ein halbherziges oder mittelmäßiges Markenzeichen kann auch nur halbherzig oder mittelmäßig wirken. Das ist das Letzte, was Ihnen passieren darf. Machen Sie nicht den Fehler, seine Wirkung zu unterschätzen.

**Die Zahl der Sichtkontakte potenziert sich**

Mit jeder Vervielfältigung Ihres Logos, sei es als Visitenkarte, Zeitungsanzeige oder Fahrzeugbeschriftung oder was auch immer, vervielfältigt sich die Zahl der Sichtkontakte. Schon nach kurzer Zeit egalisieren sich die Entwicklungskosten und potenziert sich der Nutzen einer professionellen Logo-Gestaltung.

**Ein eingeführtes Logo lässt sich nur schwer ändern**

Die Einführung eines neuen Logos ist eine einzigartige Chance, denn ein bereits eingeführtes Logo nach einigen Jahren verändern zu wollen, ist eine ebenso schwierige wie kostenintensive Aufgabe.

**Aufwand beim Praxistransfer**

Ein Profi hat schon in der Entwurfsphase die spätere Umsetzung im Blick und macht sich bereits hier Gedanken über den wirtschaftlichen Aufwand beim Transfer in die Praxis. Das schützt Sie vor vermeidbaren Kosten in der Realisierungsphase.

## *Worte und Bilder*

**Corporate Design**

Wie wir bereits an anderer Stelle erkannten, ist das Corporate Design nicht mit der Corporate Identity gleichzusetzen. Unter Corporate Design versteht man vielmehr die Summe der sichtbaren Äußerungen des Unternehmens. Den Kern des Corporate Designs (CD) stellt das Logo dar. Was landläufig als Logo bezeichnet wird, unterscheidet der Fachmann in Wortmarke (Logotype) und Bildmarke (Signet).

Bekannte Logotypen sind beispielsweise die von *Ford, Coca Cola* oder *Siemens*. Signets sind beispielsweise der *Apple*-Apfel, der *Lufthansa*-Kranich oder die Olympischen Ringe. Häufig

**Gestaltungsraster**

sind Wort- und Bildmarke in Kombination anzutreffen. Signets können konkret gestaltet sein wie etwa der Pandabär des *WWF* oder inhaltlich abstrakt wie der *Mercedes*-Stern. In der Regel wird das Logo oder Signet nicht losgelöst, sondern im Kontext zu Bildern, Flächen und grafischen Elementen erscheinen. Hier sollte ein verbindliches Gestaltungsraster für Kontinuität im Marktauftritt sorgen.

## *Worauf kommt es bei einem Logo an?*

**Die Funktion hängt nicht vom Verständnis ab**

Im Gegensatz zu einigen Kollegen bin ich nicht der Meinung, dass ein Markenzeichen unbedingt intellektuell verstanden werden muss, um seine Wirkung zu entfalten. Oder wissen Sie, dass der Gestalter des Signets der *Deutschen Bank* (das Quadrat mit dem schrägen Strich in der Mitte), Anton Stankowski, einen stilisierten Tresor (für Sicherheit) und eine aufwärts gerichtete Kurve (für Wachstum) im Sinn hatte? Wahrscheinlich nicht. Gleichwohl wirkt es intuitiv auf den Betrachter und erfüllt seinen Zweck ausgezeichnet. Ich halte es für vorrangig, dass bei der Gestaltung eine Wesensverwandschaft von Inhalt und Form gegeben ist. Wollen Sie die Verlässlichkeit und Bodenständigkeit Ihres Unternehmens betonen, muss auch die Anmutung von Symbolik und Typographie dazu passen. Dann sollten Sie allerdings auf verhungernde Schriftchen oder kreative Schnörkelchen verzichten. Kommt Ihre Marke dynamisch oder unkonventionell daher, muss Ihr Markenzeichen genau diese Stimmung visuell transportieren und darf auch aus dem Rahmen des Üblichen fallen.

**Wahrnehmungspsychologie**

Bei der Gestaltung sollte auch auf wahrnehmungspsychologische Besonderheiten geachtet werden. In unserem Kulturkreis werden bestimmte Formen mit spezifischen Bedeutungen besetzt. Wenn Sie sich schon einmal Werbeanzeigen für Uhren genauer angeschaut haben, wissen Sie, dass die Zeiger meist auf zehn Minuten vor zwei (oder zehn nach zehn) stehen. Warum ist das so? Ein Grund dafür ist, dass das Herstellerlogo bei dieser Stellung nicht von den Zeigern verdeckt wird. Noch wichtiger aber ist die subliminale Wirkung: Die nach oben weisenden Zeiger erinnern uns unbewusst an die angehobenen Mundwinkel eines lächelnden Gesichtes. Einer nach rechts ansteigenden Kurve beispielsweise wird unbewusst eine positive Dynamik zugeschrieben. Das Logo der *HypoVereinsbank*, mit dem aufwärts gerichteten Bogen, macht sich diesen Sachverhalt zunutze.

Achten Sie bei Ihrem Markenzeichen auf die Klarheit der Darstellung. Nach dem „Gesetz der Prägnanz" werden Formen, die bestimmte visuelle Kriterien wie Regelmäßigkeit, Symmetrie und Geschlossenheit aufweisen, vom Betrachter deutlich schneller als eigenständige Figur erkannt, als indifferente und unregelmäßige Gestaltungsmuster. Denken Sie daran: Kommunikation ist das, was ankommt. Der Unterschied zwischen Kunst und Design liegt darin, dass ersteres zweckfrei sein darf, während letzteres eine Verständigungsleistung zu erbringen hat.

Ihr Markenzeichen sollte unverwechselbar sein und sich deutlich von anderen Symbolen abheben. Es sollte originär sein, was allzu nahe liegende Gestaltungsinhalte wie Globus oder Pfeile in der Touristik- und Speditionsbranche oder das @-Zeichen beim Web-Dienstleister von vornherein ausschließt. Vermeiden Sie auch „Hammer-und-Sichel-Design", also die Darstellung typischer Attribute oder Werkzeuge Ihrer Branche. Die Zeiten der Zünfte sind vorbei. Ein Markenzeichen ist ein Leistungsversprechen und sollte dazu geeignet sein, Vertrauensbildung zu unterstützen. Es soll die Aussage Ihrer Marke sozusagen als grafisches Kürzel verkörpern. Seien Sie also kritisch bei seiner Beurteilung.

**Praktische Funktionalität**

Neben der kommunikativen Eignung ist die praktische Funktionalität bei der Anwendung des Markenzeichens ein Killerkriterium. Das knallbunte Logo-Design, das die Frau des Chefs so überzeugte, wirkt als grob gerasterte Graustufendarstellung im Anzeigenteil der Tagespresse nur halb so apart und erweist sich zur Stempelherstellung oder Fahrzeugbeschriftung vielleicht als gänzlich unbrauchbar. Prüfen Sie also, wie es mit der Realisierbarkeit des Zeichens im Hinblick auf die technischen Erfordernisse von Druckern, Plottern, Siebdruck und Messebau steht. Wie wirkt das Zeichen bei starker Verkleinerung oder invertierter Darstellung vor dunklem Hintergrund? Wie sehen die Fernwirkung, die Bildschirmdarstellung aus? Wie wirkt es gefaxt? Diese Fragen müssen bei der Beurteilung eines Entwurfs ins Kalkül gezogen werden.

**Technische Realisierbarkeit**

## *Das Erscheinungsbild ist mehr als ein Logo*

Ist die Entscheidung über das neue Markenzeichen gefallen, wird die Reinausführung erstellt. Vom Designer werden alle Darstellungsvarianten des Signets und der

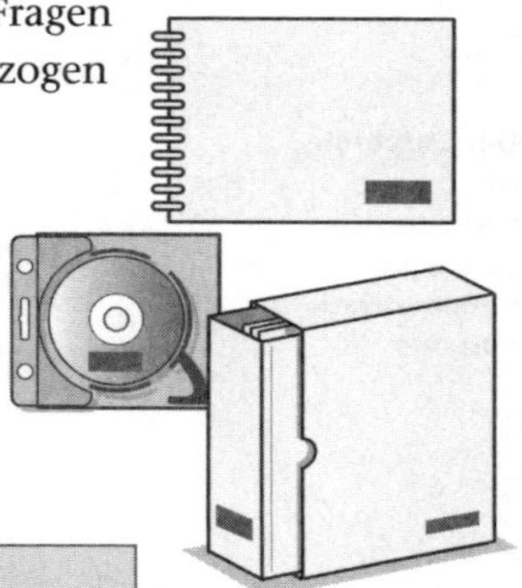

**Corporate Design Styleguides**

### Das Logo im Kopf

Es sollte im Kopf des Betrachters Klick machen, wenn sich die Schublade schließt. Unerwartete Lösungen haben ihren eigenen Charme, wie bei dem Architekturbüro namens *Quadrat*, das über seinem Namen als Markenzeichen einen Kreis darstellte. Die fehlende Übereinstimmung des bildhaft Wahrgenommenen mit der gelesenen Sinnaussage führt zu „psychologischem Flimmern“. Der Betrachter ist unbewusst gezwungen, sich in Sekunden mit der „merk-würdigen“ Darstellung auseinander zu setzen, was dazu führt, dass er sie tatsächlich besser in Erinnerung behält.

Ein bisschen zu extrem? Mag sein. Welche Lösung praktikabel ist, hängt natürlich auch von der Branche, Ihrem Selbstverständnis und Ihrer Zielgruppe ab. Der Köder muss letztendlich dem Fisch schmecken, nicht dem Angler. Sie sollten Ihre Zielgruppe nicht überfordern. Ich halte es allerdings für grundsätzlich besser, 70 Prozent der Betrachter zu erreichen, als 100 Prozent zu langweilen.

**Das Corporate Design: Gestalterische Konsequenz in den Kommunikationsmitteln**

VillaVital
INSTITUT FÜR
GESUNDHEIT UND ÄSTHETIK

Logotype

Signet

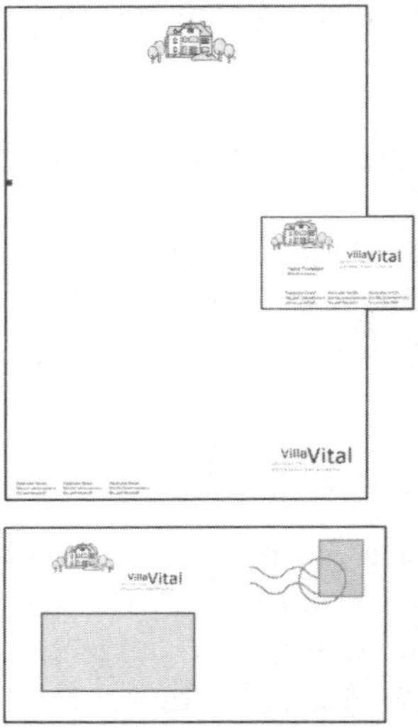


Geschäftsausstattung

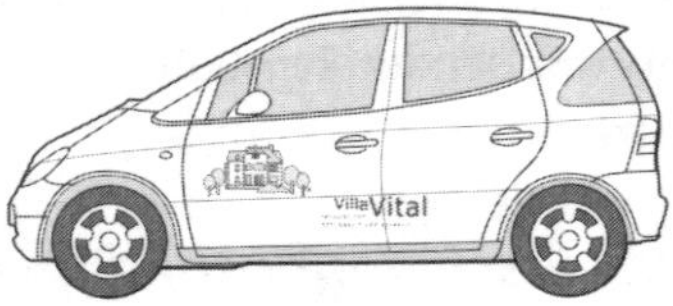


Fahrzeugbeschriftung

Außenwerbeanlage

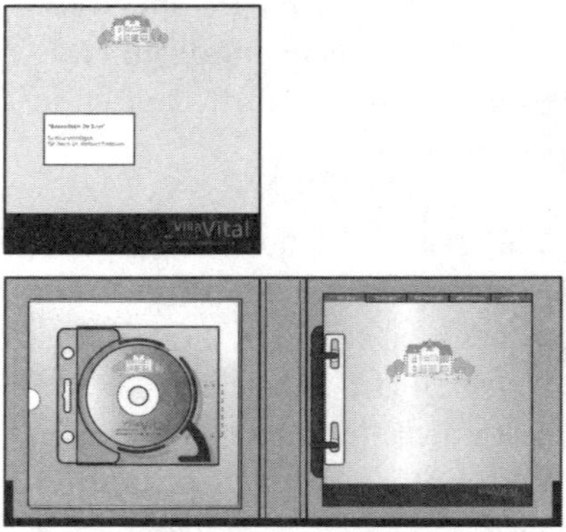


Präsentationsmappe

Homepage

wesentlichen visuellen Gestaltungselemente und deren Verhältnis zueinander in den CD-Gestaltungsrichtlinien (Styleguides) dokumentiert. Hier werden auch Hausschrift und Hausfarben nach Farbsystem dokumentiert und das Basislayout der Geschäftsausstattung dargelegt. Dort wird üblicherweise auch beschrieben, wann welche Logovariante eingesetzt wird. Dieses Regelwerk ist notwendig, um ein Verwildern des Erscheinungsbildes zu verhindern und den kontinuierlichen visuellen Auftritt Ihrer Marke zu gewährleisten.

**Gestaltungsrichtlinien vermeiden Wildwuchs**

*Braintool:*
## *Wie effizient ist das Erscheinungsbild Ihres Unternehmens?*

**Braintool:**
***Denken + machen***

Prüfen Sie Ihr Erscheinungsbild auf seine Eignung und Wirksamkeit. Wie werden Sie eingeschätzt? Folgende Fragen helfen Ihnen bei seiner Beurteilung.

1. **Prägnanz**
   Ist das Design in seiner Form eindeutig erkennbar und hebt es sich deutlich vom Hintergrund ab?

2. **Zeitlosigkeit**
   Ist die Form von aktuellen Gestaltungstrends oder modischer Typographie geprägt, die schon bald überholt sein könnten?

3. **Beständigkeit**
   Ist es in Farbe und Form eindeutig vom Auftritt Ihrer Wettbewerber zu unterscheiden?

4. **Einsatzfähigkeit**
   Behält Ihr Logo seine Aussage auch in einer Graustufen- oder Schwarz/Weiß-Darstellung?

5. **Einfachheit**
   Tragen alle Gestaltungselemente zur Aussage bei oder handelt es sich um visuellen Ballast, der die Aussage eher verwässert?

6. **Technische Umsetzung**
   Wie ist die Wirkung unter verschiedenen Wahrnehmungsbedingungen? (Stark verkleinert, gerasterte oder gefaxte Darstellung, invertierte Darstellung auf dunklem Grund etc.)

7. **Gestalterischer Kontext**
   Existieren vom Designer verfasste Corporate-Design-Richtlinien, die Farben und Schriften eindeutig definieren und die

Anordnung der Gestaltungselemente zueinander verbindlich beschreiben?

8. **Anpassungsfähigkeit**
   Existiert das Logo in den benötigten Versionen (farbig, Graustufen, Strich etc.) und liegt es digital in den gängigsten Dateiformaten zur Weiterverarbeitung vor?

9. **Claim**
   Besitzen Sie einen Slogan oder Claim, der Ihre Aussage unterstreicht? Dann klären Sie, ob er Bestandteil des Logos ist oder nur unter bestimmten Bedingungen hinzugefügt wird.

10. **Wiedererkennungswert**
    Ist das Erscheinungsbild prägnant genug, um vom Betrachter wiedererkannt zu werden?

# *Die wertvollste Ressource: Glaubwürdigkeit*

## *Marke, Corporate Behavior und Ethik*

**Corporate Behavior**

Das Verhalten des Unternehmens, neudeutsch „Corporate Behavior", prägt ganz erheblich die Wahrnehmung Ihrer Marke in der Öffentlichkeit und bestimmt Ihre wertvollste Ressource: Ihre Glaubwürdigkeit. Das schlüssige Erscheinungsbild und die Qualität der Leistung mögen noch so überzeugen, wenn das Verhalten nicht mit der Kernbotschaft und den Werten übereinstimmt, wird die Marke zur Makulatur.

***„Unmoralisches Handeln ist schon deshalb abzulehnen, weil es sich nicht lohnt."***

***Heinrich von Pierer Vorstandsvorsitzender Siemens AG***

Im Gegensatz zur Meinung mancher Ökonomen schließen Wirtschaft und Ethik sich keineswegs aus. Der Ehrliche ist nicht der Dumme. Im Gegenteil: Geld verdienen ist wichtig, wer es aber zum Selbstzweck macht, hat zu kurz gedacht. Ethisches Verhalten ist ein bedeutender Faktor zu nachhaltigem Erfolg für Menschen und Unternehmen.

***Porsche* und die Subventionen**

Als sich die *Porsche AG* Ende der neunziger Jahre dazu entschied, das neue Werk in Leipzig zu errichten, verzichtete Vorstandschef Wendelin Wiedeking ausdrücklich auf die in Aussicht stehenden staatlichen Fördermittel. „Ich habe mir den Subventionsbericht angesehen und war überrascht über die edlen Namen aus der Industrie, die alle Geld bekommen. Die Summe ist gigantisch, die sich Großunternehmen beim Staat abholen. Der gesamte Mittelstand dagegen, der dieses Land trägt, sieht von dem Geldsegen nichts." Wiedeking verzichtete auf die Millionen, obwohl es normal und vollkommen legal gewesen wäre, sie einzustreichen. „Wenn wir eine ehrliche gesellschaftliche Diskussion führen wollen, und ich will das, dann muss man diese Praktiken abstellen." Und an anderer Stelle begründete Wiedeking diesen Verzicht mit einem weiteren Argument „... weil wir nicht wollen, dass sich ein *Porsche*-Fahrer bei irgendjemandem rechtfertigen muss." Luxus und Stütze passen eben nicht zusammen – ein Lehrbuch-Beispiel von unternehmerischer Integrität. Für den sächsischen Ministerpräsidenten Kurt Biedenkopf war dies ein bisher einmaliger Vorgang und Finanzminister Hans Eichel soll sich persönlich für den Verzicht bedankt haben. Der Imagegewinn, den *Porsche* mit solch konsequenten Entscheidungen für sich verbuchen konnte, ist mit Geld nicht zu bezahlen, denn die Marke wird durch den erzielten Sympathiebonus in ihrer Substanz massiv gestärkt. Im Jahre 2000 wurde *Porsche* bei dem vom *Manager Magazin* ausgelobten Preis „Imageprofile" als Unternehmen mit dem besten Image zur Nummer Eins gekürt. Und im Folgejahr stand W. W. erneut ganz oben auf dem Siegertreppchen, um den begehrten Titel ein weiteres Mal in Empfang zu nehmen.

**Gesellschaftliche Verantwortung und Integrität**

Marken prägen Wertvorstellungen und Normen und besitzen starken Einfluss auf Moral und Ästhetik. Ihre Besitzer tragen damit eine große gesellschaftliche Verantwortung, der sie leider nicht immer gerecht werden. Hier muss, wie bei *Porsche*, ein neues Bewusstsein für Unternehmensintegrität und wertekonformes Verhalten entstehen.

***Mercedes Benz* und der Elchtest**

Bei der Einführung der *A-Klasse* im Oktober 1997 hatte *Mercedes* ein überzeugendes Konzept: Ein komfortabler Kleinwagen mit geringem Verbrauch, großem Raumangebot und den Sicherheitsstandards der Großen. Der Baby-Stern sollte ein neues Marktsegment erobern. Doch völlig unerwartet erschütterte ein Donnerschlag die zuversichtliche Aufbruchstimmung und die schwäbischen Autobauer bekamen schmale Lippen. Beim Test einer schwedischen Autozeitschrift musste der Wagen bei 60 km/h einem plötzlich auftauchenden Hindernis ausweichen, geriet ins Straucheln und kippte krachend auf die Seite. Das Bild des Elchtests ging durch die Medien und befleckte schmachvoll das Image der Schwaben. Während die Schadenfreude sich ihrem Höhepunkt näherte, wurde in Stuttgart fieberhaft an einer Lösung gearbeitet. Ende Oktober beteuerte *Mercedes* auf einer Pressekonferenz, dass zukünftig alle *A-Klasse*-Wagen serienmäßig über das elektronische Stabilitätsprogramm *ESP* verfügten und die Schuld für den Um-Fall eigentlich beim Reifenhersteller zu suchen sei. Die fadenscheinige Erklärung wurde von der Presse zerrissen. In Glossen und Karikaturen zum Elchtest machten sich zahlreiche Zeitschriften über die *A-Klasse* lustig. Nach fast zwei Wochen erkannte die Unternehmensführung, dass es nicht darum ging, den Unerschütterlichen zu markieren, sondern den Fehler einzugestehen und zu beheben. In einer ehrlichen und offenen Kampagne klärte *Mercedes* die Öffentlichkeit darüber auf, wie man die Probleme lösen werde und lud am Ende des Verbesserungsprozesses 450 Auto-Journalisten zu einem Fahrerworkshop ein. Selbst Rennsportgröße Nicki Lauda lobte die neuen Fahreigenschaften des modifizierten Baby-Benz und Spott und Häme verebbten. „Stark ist, wer keine Fehler macht. Stärker ist, wer aus seinen Fehlern lernt" resümierte Boris Becker in der begleitenden Kampagne und die Sympathien wurden zurück gewonnen. Die *A-Klasse* war rehabilitiert und erreichte im Februar 2001 sogar Platz acht auf der Verkaufsstatistik.

**Authentizität ist gefragt**

Die ethischen Erwartungen, die Verbraucher an die Marke richten, werden weiter wachsen. Die Menschen haben einfach keine Lust mehr, sich für dumm verkaufen zu lassen. Authentizität ist gefragt. Marken müssen glaubwürdiger werden und Verantwortung übernehmen. Umwelt- und Gesundheitskatastrophen und Ressourcenverknappung zwingen die Menschen zur Auseinandersetzung mit den Folgen ihres Handelns. Bewusstere Konsumenten richten den Blick auf Umweltverträglichkeit und Gesundheitsbewusstsein der Marken. Die Antwort darauf ist unternehmerische Integrität und sie zeigt sich im Einsatz umweltverträglicher Materialien und Verpackungen und nachhaltigem Wirtschaften.

**Gemeinnütziges Engagement**

Vielerorts haben die Konzerne das erkannt und setzen, um die Glaubwürdigkeit der Marke zu stärken, auf die engagierte Förderung (passender) gemeinnütziger Projekte. *Iglo* beispielsweise, setzt sich für nachhaltige Landwirtschaft und für die bestandserhaltende Fischerei ein. Der Süßwarenspezialist *Storck* engagiert sich mit der *Stork*-Foundation (Nomen est Omen) vorbildlich für Förderung und Erhalt von frei lebenden Störchen. Die *Krombacher-Brauerei* setzt sich für den Erhalt des Regenwaldes ein. Der Computerhersteller *Apple* fördert die EDV-Ausstattung an deutschen Schulen. Tue Gutes und rede darüber – aber in dieser Reihenfolge.

**Wertekonformes Handeln**

Wertekonformes Handeln und gemeinnütziges Engagement sind keine Frage riesiger Budgets. Wie integres Handeln und die Bereitschaft, Verantwortung zu übernehmen, für kleine und mittelständische Unternehmen zum Erfolgsbeschleuniger werden kann, verdeutlichen die folgenden Beispiele.

***Belmodi* und die Waldstraße**

*Belmodi,* ein erfolgreiches Modehaus im südhessischen Groß-Zimmern hat sich den Slogan „Mode und mehr" auf die Fahnen geschrieben. Dass sich dieses Mehr nicht allein auf den vorbildlichen Service bezieht, illustriert die folgende Geschichte: Das Modehaus befindet sich unmittelbar an einer der Hauptverkehrsstraßen der Gemeinde. Als umfangreiche straßenbauliche Veränderungen anstanden, die den Verkehrsfluss und das Gesicht der Waldstraße maßgeblich verändern würden, beschloss der Geschäftsführer Kurt Klee, im Sinne aller Anwohner aktiv zu werden. In sorgfältig vorbereiteten Informationsveranstaltungen, zu denen Anwohner, Gewerbetreibende und die Vertreter der Kommunalverwaltung geladen wurden, klärte man die Öffentlichkeit über die bevorstehenden Änderungen auf. Die Wünsche und Erfordernisse der Bewohner und der Unternehmen wurden gesammelt, verschiedene Lösungen und Alternativen mit fachlicher Unterstützung erarbeitet und das Gesamtkonzept den zuständigen Behörden vorgelegt. Schließlich gründete Kurt Klee die „Interessengemeinschaft Waldstraße", einen gemeinnützigen Verein, um die Belange der Anwohner zu vertreten. Mit zahllosen freiwilligen Helfern wurde das „Frühlingsfest auf der Waldstraße" veranstaltet, das bald jährlich stattfand und sich auch überregional großer Beliebtheit erfreute. Der Erlös aus dem Festbetrieb kam der Bepflanzung und Verschönerung der „Neuen Waldstraße" unmittelbar zu Gute. Die Presse berichtete intensiv über das Thema, das öffentliche Interesse wuchs und die *IG Waldstraße e. V.* gewann an Bedeutung. Bürgermeister und Baubehörde zeigten sich ausgesprochen kooperativ bei der Planungsarbeit, sodass die Belange der Anwohner in einem erfreulichen Ausmaß berücksichtigt wurden. Bei ihrer Einweihung glich die „Neue Waldstraße" an zahlreichen Stellen einem Blütenmeer, und das Modehaus *Belmodi* konnte durch sein weit über die eigenen Interessen hinausgehendes Engagement Sympathiegehalt und Bekanntheitsgrad seiner Marke erheblich stärken.

***Hohlmann Werbetechnik***

**Nachhaltigkeit in Messe- und Ladenbau**

Die *Hohlmann Werbetechnik KG* in Mühltal bei Darmstadt beschäftigt sich seit Jahren mit anspruchsvollem Laden- und Messebau. Durch außergewöhnliche Kreativität und Flexibilität bei der Gestaltung und ein schlüssig abgestimmtes Leistungsangebot hat sich die *Hohlmann KG* überregional einen Namen gemacht. Der Inhaber, Klaus Hohlmann, ist ein Mensch, der sich stark von persönlichen Werten leiten lässt und sich Mensch und Umwelt verpflichtet fühlt. Als er nach Beendigung einer Industriemesse beobachtete, welche Flut an Müll entstanden war, wie achtlos mit Dekoration und Verpackungsmaterial umgegangen wurde und wie lebende Deko-Pflanzen unbekümmert in den Müllcontainer geworfen wurden, beschloss er, für ein neues Bewusstsein einzutreten. In den nächsten Wochen arbeitete er intensiv an der Entwickelung eines Konzeptes für den ressourcenschonenden Umgang im Messe- und Ladenbau. Anstatt Kartonagen und Luftpolsterfolie, wurden jetzt verstärkt wiederverwendbare Textilbezüge zum Schutz der Exponate eingesetzt. Im Messe- und Ladenbau wurden nur noch naturverträgliche oder wiederverwendbare Bodenbeläge und umweltverträgliche Kleber eingesetzt. Dekorationspflanzen wurden nach ihrem Gebrauch am Leben erhalten. Noch zahlreiche weitere Ideen wurden sukzessive realisiert. Es bedurfte einiger Mühe, Lieferanten, Partner und Kunden von seinem Konzept zu überzeugen. Immer wieder suchte er nach Wegen, seinen ressourcenschonenden Anspruch mit den wirtschaftlichen Interessen seiner Kunden in Einklang zu bringen. Anfängliche Rückschläge spornten ihn zu immer weiteren Bemühungen an. Es gehört Mut dazu, den Kunden unter Wettbewerbsdruck von der Notwendigkeit fachgerechten Recyclings und dem Einsatz natürlicher Materialien zu überzeugen, aber lieber wollte Klaus Hohlmann einen Auftrag verlieren, als faule Kompromisse einzugehen.

Seine Beharrlichkeit wurde belohnt und der Erfolg gibt ihm schließlich Recht: Seine Integrität und klare Linie brachte ihm allgemeinen Respekt und Erfolg. Statt der befürchteten Einbußen festigte sich die Kundenbindung, und neben einer großen Reformhauskette betreut der Unternehmer heute Kunden aus den unterschiedlichsten Branchen, die seine Wertebetrachtung teilen und die zu ihm passen.

**Das Tun als Folge des Seins**

Wie beide Beispiele veranschaulichen, war der Gewinn an Image und Glaubwürdigkeit eine Folge der Bereitschaft, über die unmittelbaren Eigeninteressen hinaus Verantwortung zu übernehmen. Die Unternehmer schielten nicht nach der Publicity, sondern handelten nach ihrer echten inneren Überzeugung. Echte Überzeugung ist die Grundlage für integres Handeln. Das Tun ist Folge des Seins. In welchen Bereichen kann Ihr Unternehmen Herausragendes leisten, um die Markenphilosophie in den Köpfen Ihrer Mitarbeiter und Zielgruppe zu verankern?

Natürlich ist gesellschaftliches Engagement nicht der einzige Weg, um das Image Ihrer Marke positiv zu beeinflussen. Vor allem die Art, wie Sie mit Ihren Mitarbeitern und Kunden umgehen, prägt die Glaubwürdigkeit Ihrer Marke und deren Bild in der Öffentlichkeit.

## *Haltet den Kunden*

Viele Unternehmen propagieren heute: „Wir stellen den Menschen in den Mittelpunkt“. Ja, wen denn sonst – möchte man fragen, denn letztendlich haben alle Produkte und Leistungen den einzigen Zweck, dem Menschen zu dienen. Und genau das sollten wir von ganzem Herzen und in vollem Bewusstsein tun. Ihre Kunden fühlen es, wenn man es wirklich ehrlich mit ihnen meint.

***Der kurze Weg ins Herz des Kunden ist die größte Chance, die Sie haben.***

**First give – then take**

Die Grundlage für dauerhaft fruchtbare Geschäftsbeziehungen ist eine Win/Win-Einstellung auf beiden Seiten. Verlassen Sie sich nicht darauf, dass Ihre Kunden sich das bewusst machen. Beginnen Sie selbst damit, eine Kultur des fairen „Give and take" zu schaffen, indem Sie mit dem Geben beginnen.

**Vertrauen baut Brücken**

Damit können Sie eine vertrauensvolle Beziehung zu Ihren Kunden aufbauen. Vertrauen baut Brücken. Wo Vertrauen herrscht, läuft die Kommunikation reibungslos wie auf Kugellagern. Misstrauen hingegen verursacht Reibungsverluste und vermeidbare Komplexität. Vergegenwärtigen Sie sich, dass es Ihre Aufgabe als Anbieter ist, das Vertrauen Ihrer Kunden zu verdienen. Wie aber gewinnen Sie das Vertrauen der Menschen, für die Sie da sind? Nur mit Ehrlichkeit: Ehrliche Haltung, ehrliche Werbeaussagen, ehrliches Eingestehen von Fehlern. Wenn Sie diese Aussage für eine Binsenweisheit halten, dann werfen Sie mal einen Blick auf die Werbung und das Geschäftsgebaren in unserer Wirtschaftswelt.

**Herzlichkeit im Umgang mit Kunden**

Versprechen Sie in Ihrer Werbung nur, was Sie halten können, und halten Sie mehr, als Sie versprechen. Vor allem aber: Versprechen Sie das Richtige. Die wichtigste Eigenschaft, die ein Unternehmen heute besitzen muss, heißt „zuhören können". Hören Sie Ihren Kunden sorgfältig zu und gestalten Sie Ihr Angebot rund um deren Wünsche herum. Denken Sie daran: Sie sind als Anbieter einem Vergleichsprozess ausgesetzt und müssen dem Kunden einen klaren Grund dafür liefern, bei Ihnen zu kaufen.

**Ihr Kunde beurteilt Sie nach seiner Erwartung**

Setzen Sie eine aufwärts gerichtete Vertrauensspirale in Gang. Es beginnt schon beim ersten Gespräch, wie beim Zuknöpfen eines Hemdes: Wenn der erste Knopf passt, passen auch die folgenden. Der viel beschworenen Macht des ersten Eindrucks liegt ein Gesetz zugrunde: Hat der Kunde Sie in eine Schublade einsortiert, wird er instinktiv alle Kriterien wahrnehmen, die sein Urteil bestätigen. Das funktioniert im Positiven wie im Negativen. Hat der Kunde das Bild, dass Ihr Unternehmen unzuverlässig ist, wird er seine Aufmerksamkeit auf jede kleine Verspätung, jeden Fehler richten und sein (Vor-)Urteil bestätigt finden. Hält er es aber für sympathisch, vertrauenswürdig und kompetent, steigt seine Toleranz und er ist eher bereit, über kleine Vorkommnisse großzügig hinwegzublicken. Auch hier zeigt sich: Wir erfinden unsere Wirklichkeit tatsächlich selbst.

**Betrachten Sie jedes Detail als einen Beitrag zum Ganzen**

Um das Vertrauen Ihrer Zielgruppe zu gewinnen, müssen Sie nicht doppelt so gut sein wie die Konkurrenz. Schaffen Sie kleine, deutlich wahrnehmbare Goodies, die Ihrem Kunden das beruhigende Gefühl geben, die richtige Wahl getroffen zu haben. Setzen Sie Ursachen für die kleinen JAs im Kopf des Kunden. Diese JAs sind das unerwartete Mehr im Service, das Achten auf Details zum Wohl Ihres Kunden, die überraschende Flexibilität, kleine ehrliche Freundschaftssignale. Betrachten Sie jedes Detail als einen Beitrag zum Ganzen. Jedes kleine JA ist ein Bausteinchen für Ihren Erfolg. Die NEINs kommen von alleine, das wird sich kaum verhindern lassen. Achten Sie also darauf, dass Ihr Beziehungs-Konto immer im Haben steht.

**Kundenbindung geht (auch) durch den Magen**

**Ehrlicher Dank**

Auch ein Dankeschön erzeugt ein JA. Bedanken Sie sich daher aufrichtig bei Ihren Kunden, wann immer Sie können. Danken Sie für das Vertrauen, für gute Zusammenarbeit, für Informationen oder für Entgegenkommen. Danken Sie ganz besonders dann, wenn Ihr Kunde Sie weiterempfohlen hat. Ein ehrliches Danke macht Menschen zu Wiederholungstätern.

**Die Wirkung des Mitarbeiters**

Sensibilisieren Sie Ihre Mitarbeiter für die vermeintlich unwichtigen Kleinigkeiten im Umgang mit Kunden. Vielerorts wird die persönliche Wirkung des Mitarbeiters noch immer unterschätzt. Veranstalten Sie also einen internen Workshop und zeichnen Sie auf einem Flipchart, an welchen Stellen Ihrer Leistungsprozesse es zu Kundenkontakten kommt. Was könnte das Team tun, um diese Kontakte aus der Kundensicht noch überzeugender zu gestalten? Sie werden sich wundern, was für gute Ideen da hervorsprudeln. Es ist wichtig, diese Gedanken in die Köpfe der Mitarbeiter hineinzutragen, aber ebenso wichtig ist das, was aus deren Köpfen herauskommt. Menschen sind der Schlüssel zum Erfolg. Ihre Mitarbeiter müssen mitgestalten. Machen Sie Ihr Team zum JA-Generator. Sie werden sehen, es kostet oft wenig und die Mühe zahlt sich schnell aus.

**Der Schlüssel zum Erfolg sind Menschen**

**Der Fliesenleger und die Wahrnehmung seines Kunden**

Ein Beispiel aus der eigenen Praxis: Beim Bau unseres Hauses verbrachten wir viel Zeit damit, die Bodenfliesen auszuwählen. Wir verglichen, überlegten und entschlossen uns schließlich für verhältnismäßig teure, aber sehr schöne Fliesen. Einige Tage später betrat ich erwartungsfroh den Rohbau, gespannt darauf, wie weit der Fliesenleger mit seiner Arbeit gekommen war. Zu meinem Schrecken musste ich schon am Eingang über einen Berg von Fliesenbruch steigen, um ins Haus zu gelangen. Ich wusste nicht, ob dieser Bruch notwendigerweise durch Stückelei oder durch Unachtsamkeit verursacht worden war, aber es schmerzte mich, die teuren Fliesen in Scherben zu sehen. Das erste NEIN war in meinem Kopf geboren. Ich sah mich um. Die Baustelle war weder aufgeräumt noch gefegt worden – das zweite NEIN in meinem Kopf. Schließlich lachte mich eine ausgetrunkene Bierflasche an – und addierte ein drittes NEIN hinzu. Üblicherweise haben Bauherren samstags Freunde oder Verwandte im Schlepptau, um ihnen stolz den Baufortschritt zu zeigen. In diesem Falle kommt noch ein weiterer NEIN-Verstärker hinzu. Als ich endlich die neu geflieste Fläche sah, forschte ich misstrauisch nach Fehlern und Unregelmäßigkeiten. Warum? Ich war bereits negativ konditioniert. Obschon der Handwerker fachlich einwandfrei gearbeitet hatte, haben die scheinbar unwichtigen Rahmenbedingungen den guten Eindruck ruiniert. Hätte er nach Feierabend seinen Schutt rasch zusammengefegt und die Bierflasche im Container verschwinden lassen, hätte ich mich über meine schönen neuen Fliesen gefreut und die Firma gerne weiter empfohlen. Mundpropaganda ist im Bauhandwerk sehr wichtig. Wenn Sie dieses scheinbare Bagatell-Erlebnis mit der Anzahl der Mitarbeiter und der Anzahl der Baustellen multiplizieren, erkennen Sie den wertvollen Nutzen, der diesem Handwerksbetrieb verloren geht.

*„Ich habe kein Marketing gemacht. Ich habe immer nur meine Kunden geliebt"*

*Zino Davidoff*
*Ukrainischer Zigarrenhersteller*

Die Sanitärinstallateure hingegen wussten, wie man seine Kunden begeistert: Sie überraschten ihren Auftraggeber mit unerwarteten aber entscheidenden Kleinigkeiten. Mal brachte ein Installateur frühmorgens unerwartet Brötchen mit, mal verblüfften sie durch Filzhausschuhe, die sie bei Arbeiten in der Wohnung trugen, um den Boden und die Nerven der Hausfrau zu schonen. Sie verließen die Baustelle blitzsauber. Lauter kleine JAs im Kopf. Beim ersten Betreten seines wunderschönen neuen Bades entdeckte der überraschte Bauherr ein Fläschchen Sekt und ein Duftschaumbad mit einem Kärtchen: „Wir wünschen Ihnen viel Vergnügen in Ihrem neuen Traumbad. Ihr Team von *Bad+Art.*" Was glauben Sie, wie oft dieses Unternehmen weiterempfohlen wird?

*Braintool:*
## *So gewinnen Sie Ihre Kunden für sich*

Kundenloyalität ist der beste Wettbewerbsvorteil. Verblüffen Sie Ihre Kunden und stärken Sie deren Loyalität und Bindung an Ihr Unternehmen.

**Braintool:**
***Denken + machen***

1. **Schaffen Sie in Ihrem Team Bewusstsein für Ihre Stärken**
   Machen Sie jedem einzelnen Ihrer Mitarbeiter klar, was das Besondere an Ihrem Unternehmen ist und wofür Ihre Marke steht. Jeder muss genau wissen, warum Ihre Kunden bei Ihnen kaufen.

2. **Binden Sie Ihre Mitarbeiter ein**
   Erklären Sie Ihren Mitarbeitern, warum echte Kundenorientierung so wichtig ist. Überlegen Sie in einem gemeinsamen Workshop, wo die Kundenbeziehung weiter verbessert werden kann, und schaffen Sie durch Richtlinien „Erfolgsgewohnheiten" in Ihrem Unternehmen.

3. **Konzentrieren Sie sich auf Ihre A-Kunden**
   Nach der 80/20 Regel machen Sie mit 20 Prozent Ihrer Kunden 80 Prozent des Umsatzes. Schaffen Sie durch Standardisierung und Einsparungen bei C-Kunden Spielräume, um sich um die A-Kunden effektiver kümmern zu können.

4. **Erarbeiten Sie eine Kundendatenbank**
   Sammeln Sie alle Informationen zu Ihren Kunden, die abschlussrelevant sein könnten. Beschränken Sie sich dabei nicht nur auf die „harten Fakten", sondern beachten Sie auch die „Softfacts", wie persönliche Neigungen und Vorlieben von Entscheidern.

5. **Suchen Sie den Dialog mit Ihren Kunden**
   Fragen Sie Ihren Kunden nach Zufriedenheit, Anregungen und Verbesserungsvorschlägen. Fragen Sie Ihren Kunden

nach seinem Eindruck von Ihren Werbemitteln und Broschüren. Fragen Sie, wie er sich von Ihnen betreut fühlt.

6. **Heben Sie sich schon zu Beginn positiv ab**
   Wie können Sie Ihre Angebote attraktiver als die Konkurrenz gestalten? Können Sie Ihre Leistung besser herausstellen, indem Sie beispielsweise deren Nutzen visualisieren? Machen Sie es Ihrem Kunden so leicht wie möglich, mit Ihnen ins Geschäft zu kommen (zum Beispiel Auftragsformular, Bestellhotline etc.). Fragen Sie sich: „Was würde ich mir wünschen, wenn ich mein eigener Kunde wäre?“.

7. **Bieten Sie Zusatznutzen**
   Machen Sie sich den Kern Ihrer Leistungen als Problemlöser bewusst. Denken Sie über den Tellerrand der eigenen Kernleistung hinaus und schaffen Sie dadurch zusätzlichen Kundennutzen.

8. **Was ist Ihren Kunden wichtig?**
   Verschwenden Sie keine Energie mit der Verbesserung von Dingen, auf die Ihre Kunden keinen Wert legen. Was wirklich wichtig ist, entscheidet der Kunde. Fragen Sie ihn einfach.

9. **Bieten Sie Informationen**
   Der Erfolg Ihrer Kunden ist auch Ihr Erfolg. Bieten Sie Ihren Kunden Informationen an, die sie persönlich oder geschäftlich weiterbringen. Nutzen Sie Ihre Homepage, einen Newsletter oder das direkte Gespräch.

10. **Begreifen Sie Reklamationen als Geschenk**
    Die meisten unzufriedenen Kunden wechseln lautlos zur Konkurrenz. Sehen Sie Beschwerden als Chance, einen Stammkunden zu gewinnen. Stehen Sie zu Fehlern und seien Sie großzügig bei der „Wiedergutmachung“.

# Schokolade für alle

## *Wie die richtige Story Ihre Marke unverwechselbar macht*

**Die Faszination von Geschichten**

Story Telling – die Kunst, Geschichten zu erzählen, hat schon manche Marke zum Original gemacht. Einige von ihnen verstehen es meisterhaft, Faszination aufzubauen und vor dem Hintergrund der eigenen Historie zur Legende zu werden. Solche Geschichten kennt man beispielsweise aus der Computerbranche, wo Weltkonzerne vor noch gar nicht allzu langer Zeit von Studenten in der elterlichen Garage gegründet wurden, um sich bald zum mächtigen Global Player emporzuschwingen. *Apple* beispielsweise ist eine solche Kultmarke, die eine außerordentliche Anziehungskraft auf ihre Kunden ausübt. Die Company um den charismatischen Steve Jobs ist einfach spannend und bietet ihren Fans neben Hard- und Software eine ganze Menge Faszination und Entertainment.

Aber auch Marken der Old Economy haben erstaunliche Geschichten zu berichten. Die Milka-Story beispielsweise ist so hinreißend, dass ich sie im Originaltext zitieren muss:

**Philippe Suchard und *Milka***

*„Was wäre das Leben ohne Schokolade? Schokolade ist heute für viele nahezu gleichbedeutend mit dem Namen „Milka" von Suchard (...) Doch wer war Philippe Suchard – jener Mann, der den Grundstein für den beispiellosen Erfolg dieser Marke legte und ihr seinen Namen gab? Als Philippe Suchard am 9. Oktober 1797 in Neuchatel/Schweiz geboren wurde, war Schokolade ein luxuriöser Genussartikel. Für seine kranke Mutter musste der Zehnjährige Schokolade aus der Apotheke besorgen. Der hohe Preis und die tatsächlich stärkende Wirkung der exotischen Masse ließen Philippe keine Ruhe mehr. „Schokolade für alle" lautete seine Vision.*
*Mit rund 1.300 Tonnen jährlich war die Produktion in Lörrach schon um die Jahrhundertwende sehr erstaunlich. Heute produziert das Werk mit 122.000 Tonnen fast das 100-fache."*

Was sagen Sie jetzt? Diese Geschichte können Sie auf der *Milka*-Homepage nachlesen.

Ein weiteres Juwel emotionaler Verbindlichkeit finden wir beim amerikanischen Whiskey-Brauer *Jack Daniel's*. In unserer unsteten und wandelbaren Welt zeigt uns Mr. Daniel, dass es noch Dinge gibt, auf die man sich verlassen kann. Auch hier wagte ich nicht, den Text zu verändern.

***Jack Daniel's* Originalrezept**

*„Jack Daniel's Old No. 7 erinnert uns ständig daran, dass sich manche Dinge nie ändern. Und auch nicht geändert werden sollen. Dieser Whiskey wird immer noch genau so gebrannt wie ihn unsere Väter gebrannt haben. (...) Weil unser Jack Daniel's Tennessee Whiskey unverändert nach dem Originalrezept von Jack Daniel gebrannt und mit dem Holzkohlefilterverfahren verfeinert wird, schmeckt er auch heute immer noch genauso gut wie 1866. Dafür wurde Jack Daniel's auch mit sieben internationalen Goldmedaillen ausgezeichnet. Eine davon konnte Mr. Jack 1904 anlässlich der Weltausstellung in St. Louis noch persönlich in Empfang nehmen. Er erhielt damals die Auszeichnung „bester Whiskey der Welt". Selbst das schwarz-weiße Etikett auf der Jack Daniel's Flasche blieb seit der Eintragung der Jack Daniel's Distillery ins Handelsregister im Jahre 1866 unverändert."*

Geradezu märchenhaft, oder?

Und wenn Sie zu den Menschen gehören, die glauben, Armbanduhren würden gekauft und getragen, um die Zeit davon abzulesen, lassen Sie sich von der Kampagne des eidgenössischen Uhrenherstellers *Omega* eines Besseren belehren:

Im Bild sehen wir einen Astronauten auf der Mondoberfläche. Am schwarzen Horizont geht die Erde gerade auf. Headline: „*Speedmaster*, sie ist zur Legende geworden". Im Fließtext erfahren wir:

***Omega Speedmaster*: Reise zum Mond**

*„Die Omega Speedmaster ist die erste und einzige Uhr, die jemals auf dem Mond getragen wurde. Sie ist der einzige Zeitmesser, der die stren-*

*gen Qualifikationstests der NASA bestanden hat. Dank ihrer Präzision und Zuverlässigkeit konnte die Omega Speedmaster den Astronauten der havarierten Apollo 13-Kapsel sicher den Weg zurück zur Erde weisen. Dieser einzigartige Chronograph ist zur Legende geworden."*

Wow.

## *Wie lautet Ihre Story?*

Gute Geschichten sind wertvolle Aktivposten in den Bilanzen der Marken. Möglicherweise gibt es auch zu Ihrem Unternehmen oder zu Ihrer Marke eine Geschichte zu erzählen.
Es muss nicht gleich die kranke Mutter oder die Rettung einer Apollokapsel sein. Graben Sie einmal in Ihrer Erinnerung nach einer (wahren) Geschichte, die Ihrer Marke das gewisse Etwas geben könnte. Vielleicht stoßen Sie ja auf ungenutztes Publicity-Potenzial, womit Sie Ihre Konkurrenten neidisch machen können ...

**Mephisto im *Auerbachkeller***

Der Leipziger *Auerbachkeller* hat seinen Gästen Einzigartiges zu bieten. Goethe soll in dem Kellergewölbe zu seiner Studienzeit die Nächte durchgezecht und sogar seinen Faust hier geschrieben haben. Donnerstagabends ist buchstäblich der Teufel los, denn dann werden die Gäste von einem kostümierten Mephisto unterhalten, der mehr oder weniger authentische Goethe-Bonmots im Zungenschlag des späten achtzehnten Jahrhunderts zum Besten gibt. Die Gäste sind ob der geschichtsträchtigen Stätte und der „teuflischen" Performance ehrfürchtig begeistert und die Kasse klingelt im *Auerbachkeller*. Ob der Faust tatsächlich hier entstanden ist, vermag ich nicht zu sagen, aber eines ist sicher: Die Gäste haben ihren Spaß und dem Gastronomen dürfte es gelungen sein, ein virtuelles Monopol zu schaffen.

Ganz besonderen Charme besitzt die ansprechende (und authentische) Geschichte der *Villa Vital* in Bad Salzungen:

**Die Geschichte der Villa Vital**

*„Die Villa Vital wurde 1903 von dem Bad Salzunger Arzt Dr. Otto Thaler errichtet, der hier mit seiner Familie lebte und seine Praxis betrieb. Nach dem Zweiten Weltkrieg wurde das Gebäude zum Kindersanatorium umfunktioniert. Zur DDR-Zeit legte man keinen besonderen Wert auf den Erhalt des stilvollen Charakters dieser Villa. So wurden die Wände mehrfach willkürlich übertüncht, und das Anwesen mit der weitläufigen Parkanlage verwilderte. Nach der Wende diente das Gebäude noch einige Jahre lang als Kindersanatorium, bis es schließlich 1998 aufgegeben wurde. Es stand drei Jahre zum Verkauf. Die Fensterscheiben gingen zu Bruch, die gusseisernen Heizkörper froren auf, und da sich kein Investor fand, überließ man das Gebäude dem Verfall. So wurde aus dem einst stilvollen Bau in prominenter Lage ein zerfallendes Zeugnis menschlichen Unvermögens, aus dessen von Gestrüpp überwucherten Fassaden dunkle Fenster blickten.*

*Von alldem ist heute nichts mehr zu spüren. 2002 erwarben der ortsansässige Zahnarzt Dr. Carsten Klingler und seine Frau Franziska das bedrohte Gebäude, um es vor dem Verfall zu bewahren und mit neuem Leben zu erfüllen. Die Villa Vital wurde unter Denkmalschutz gestellt und in liebevoller Kleinarbeit restauriert. Das Innere des Gebäudes und die Parkanlage wurde nach Feng-Shui gestaltet, wobei man sich bemühte, den ursprünglichen Charakter des Anwesens weitgehend zu erhalten. Mit der Hilfe ausgesuchter Fachleute gelang es, in nur zwölf Monaten Bauzeit eine Vision zu verwirklichen: Die Villa des Dr. Thaler erhielt ihren Glanz zurück und wurde in ein architektonisches Schmuckstück verwandelt, das motivierten Menschen einen attraktiven Arbeitsplatz bietet."*

**Die Villa Vital in neuem Glanze**

Pünktlich zu ihrem 100-jährigen Bestehen feierte die *Villa Vital* im Juni 2003 ihre Neueröffnung als Institut für Gesundheit und Ästhetik. So wird sie im Sinne ihres Erbauers als medizinische Einrichtung fortgeführt. Wenige

Wochen später konnte das Ehepaar Klingler den Denkmalpreis des Wartburgkreises für gelungene Sanierungen von Kulturdenkmälern aus den Händen des Landrats, Dr. Kaspari, entgegennehmen. Heute gilt die *Villa Vital* als eine weitere Bereicherung der mit zahlreichen Kulturdenkmälern gesegneten thüringischen Kurstadt Bad Salzungen.

Sehr ansprechend ist auch die Geschichte der Dieburger Lautsprechermanufaktur *Audiance:*

**Die Entstehung der *Audiance D1***

*„Lautsprecher zu entwickeln und zu bauen ist seit jeher die Leidenschaft von Johannes Heppenheimer. Als 19jähriger baute der passionierte Schlagzeuger die ersten Boxen für die Live-Auftritte seiner eigenen Rockband. Sie fanden so großen Anklang, dass bald erste Boxen-Bestellungen von Bekannten eingingen und er seine Kenntnisse und Erfahrungen weiter vertiefen konnte. Sein außerordentlich feines Gehör und seine wachsenden Kenntnisse über die Wirkmechanismen der Hörakustik führten zu immer ausgefeilteren Entwicklungen. Statt strikt nach dem Lehrbuch zu konzipieren und sich an Trends zu orientieren, hinterfragte er alles theoretische Schulwissen und ging im Trial-and-Error-Verfahren neue Wege. Doch dann holte ihn das ein, was man den „Ernst des Lebens" nennt: Nach abgeschlossenem Studium der Sozialwissenschaften begann seine erfolgreiche Karriere, die ihn ins Management diverser Handels- und Industrieunternehmen führte. Schließlich machte er sich selbständig, um als Coach für Kommunikation und Personalentwicklung zu arbeiten. Die Arbeit in der professionell ausgestatteten Akustik-Werkstatt im Keller musste sich auf die knappe Freizeit beschränken.*

*Der Zündfunke für die berufliche Neu- oder besser Re-Orientierung entstand während einer Geschäftsreise nach Schaan in Liechtenstein. Das mühsam zustande gekommene Meeting stand für Johannes Heppenheimer unter keinem guten Stern. Nach beschwerlicher Anreise mit verpassten Anschlüssen wurde er überraschend von anderen Gesprächspartnern als geplant empfangen. Nach stundenlangen ergebnislosen Gesprächen verließ er die Firma enttäuscht und fuhr mit dem*

*Bus zurück zum Bahnhof Feldkirch. Dort beschloss er entgegen seinen Gewohnheiten, während der Wartezeit in der Bahnhofsgaststätte ein Bier zu trinken. Auf dem Weg von dort zum Bahnsteig musste er (durch Umbaumaßnahmen bedingt) die Bahnhofsbuchhandlung passieren. Wie zufällig zog eine Lautsprecher-Fachzeitschrift seinen Blick auf sich. Um seine Gedanke zu zerstreuen, kaufte er das Magazin und begann im Zugabteil darin zu lesen. Er stieß auf einen Artikel über einen kleinen Breitbandlautsprecher mit einem Vorschlag für ein Transmissionline-Gehäuse. Den Speaker fand er zunächst unbrauchbar, hatte er doch bisher nur große, leistungsstärkere Typen verarbeitet. Doch dann kam ihm der Gedanke, einen kleinen, präzise klingenden Abhörlautsprecher für Tonstudios mit dem Schwerpunkt „klassische Musik" zu entwickeln. Der Frust schlug langsam in Begeisterung um und anstatt sein Gesprächsprotokoll zu schreiben, begann er sofort am Notebook zu planen. Da war sie wieder, die alte Leidenschaft, und als er im Heimatbahnhof ausstieg, hatte er die Basis für ein revolutionäres Lautsprechersystem unter dem Arm. Etwa vier Monate später waren die ersten Prototypen im Einsatz. Anfang 2003 war der „Kleine" serienreif und hatte seinen endgültigen Namen bekommen: Audiance D1."*

Der Verkauf im Direktvertrieb lief erfreulich gut an und heute ist der *Audiance D1* ein Geheimtipp für anspruchsvolle Musikliebhaber. Mittlerweile ist auch eine größere Variante, die *D2* erhältlich. Sie bietet ein außerordentlich transparentes und räumliches Klangbild und überzeugt durch ein exklusives Design.

## *Erfinden Sie Ihr Business neu*

*Fallbeispiel: ErgoContour – Körpergerechtes Schlafen*

ERGOCONTOUR®
Körpergerecht Schlafen

*„Es klingt fast wie im Märchen: Von Rückenschmerzen geplagt fand der Tischlermeister Klaus Schickling kaum noch Nachtruhe. Stundenlang wälzte er sich im Bett von einer Seite auf die andere und war am Morgen wie gerädert. Es musste doch eine Möglichkeit geben, eine Liegefläche so flexibel zu gestalten, dass sie den Körper unterstützt und entspanntes Liegen erlaubt. Aus blanker Not begann er, in seiner Tischlerwerkstatt nach der täglichen Arbeit mit Latten und Umlenkmitteln zu experimentieren. Das Ergebnis monatelanger Tüftelei war so genial einfach wie wirkungsvoll: der sich selbständig anpassende Lattenrost. Die Leisten schweben über dem Rahmen. Ein mäander-förmig über alle Umlenkrollen geführtes Seil bewirkt, dass eine Bewegung der stark belasteten Leisten nach unten zu einer Bewegung der gering belasteten Leisten nach oben führt. Der Prototyp übertraf alle Erwartungen: Der Tischler schlief fortan wie ein Murmeltier."*

***„Mit gesundem Schlaf an die Spitze der Erfinderkultur (...) Tischlermeister erfindet Wasserbett aus Holz"*** **(AZ-Rhein-Main-Presse)**

Der Wunder-Lattenrost wurde später patentiert, erhielt den Innovationspreis des Landes Baden-Würtemberg und die Presse berichtete voll des Lobes über die Geschichte vom Tischler mit den Rückenschmerzen.

**Situation:**
Gemeinsam mit einem Partner gründete der Erfinder ein Unternehmen, um das Produkt unter eigener Regie zu fertigen und zu vertreiben. Wir wurden damit beauftragt, aus dem Lattenrost eine Marke zu machen.

**Vom Produkt zur Marke**

**Lösung:**
Die Gegebenheiten waren gut. Wir hatten ein neues, eigenständiges Produkt mit Alleinstellungsmerkmal und einer (wahren) „Story". Um eine neue Schublade im Kopf der Verbraucher zu

öffnen, musste ein aussagefähiger Begriff als Markenname geschaffen werden. Wir fanden *ErgoContour*, sorgten für den markenrechtlichen Schutz und gestalteten ein Logo, das den dahinter stehenden Gedanken visuell zum Ausdruck brachte.

Als ein klares Feindbild hatten wir Deutschlands Krankmacher Nummer Eins: Rückenschmerzen. Jeder zweite ist davon betroffen. Wir schufen den Claim „Körpergerechtes Schlafen".

**Der Lattenrost mit der einzigartigen Wirkmechanik**

Um die Vorteile für den Verwender aufzuzeigen, gliederten wir alle Argumente für das Produkt und veranschaulichten sie durch Piktogramme. Als Begründung unseres Leistungsversprechens (Reason why) wurde die zugrunde liegende Technik erklärt. Um das für Laien schwer verständliche Prinzip auf den Punkt zu bringen, fanden wir auch hierfür eine eigene Begrifflichkeit: Das *„Ergonamik-Prinzip"*. Das eigens kreierte *Ergonamik*-Signet erfüllte die Aufgabe eines Gütesiegels und unterscheidet das Original deutlich erkennbar von eventuellen Nachahmern. Als Key Visual diente das Foto einer wohlproportionierten schlafenden Dame, die auf dem Lattenrost liegt. Der Blickwinkel von der Seite zeigt deutlich die Arbeitsweise des *Ergonamik-Prinzips*. Nun wurde eine Argumentationskette für die Abgrenzung zum „Konkurrenten Wasserbett" geschaffen, indem wir Vor- und Nachtteile der Technik gegenüberstellten.

**Vertrauen aufbauen**

Eine solche Innovation muss Vorbehalte überwinden. Es galt also, Vertrauen bei der Zielgruppe aufzubauen. Es konnte ein

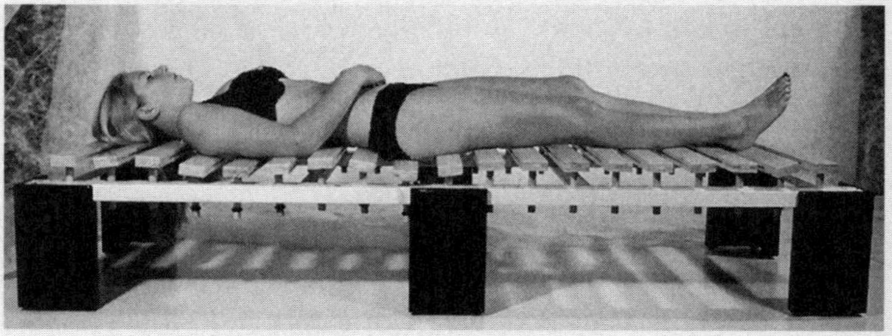

**Das „Wasserbett aus Holz" passt sich dem Körper an**

Facharzt für Orthopädie, Professor der Universitätsklinik Frankfurt am Main, für ein Gutachten gewonnen werden. Der Mann schlief selbst einige Nächte auf dem Lattenrost und bestätigte dessen positive Wirkung in einem fachlichen Statement. Es wurden weitere Referenzschreiben (Testimonials) von überzeugten Testschläfern gesammelt. Um zusätzliches Vertrauen zu schaffen, bot man den Kunden eine Zufriedenheitsgarantie an. Jeder Käufer erhielt bei Unzufriedenheit sein Geld zurück. Ein Produktfolder und eine Internetpräsenz entstanden und die Vertriebswege wurden festgelegt. Um den Verkauf zu unterstützen, wurde das Schlafsystem auf Messen vorgestellt. Die Verantwortlichen leisteten konsequente Öffentlichkeitsarbeit. In der Folge berichtete die Presse über die Neuigkeit und der Südwestfunk strahlte eine fünfminütige Reportage über das „hölzerne Wasserbett“ aus, was dem Abverkauf einen deutlichen Impuls bescherte. Heute hat sich *ErgoContour* als innovatives Schlafsystem am Markt etabliert.

# Vom Teamwork zum Network

## Wie Sie durch Kooperationen mehr erreichen

**Attraktivität steigern ...**

Wer allein arbeitet, addiert, wer gemeinsam arbeitet, multipliziert. Wenn Sie nach der bestmöglichen Problemlösung für den Kunden streben und über den Tellerrand der eigenen Produkte und Leistungen hinaus denken, stoßen Sie fast automatisch auf die Bedeutung einer tragfähigen Kooperation. Manchmal führt gerade die Verknüpfung zweier oder mehrerer Kompetenzbereiche zu einer Neubildung und damit zu einem wirksamen Alleinstellungsmerkmal im Markt. Richten Sie Ihre Scheinwerfer auf die Probleme und Bedürfnisse Ihrer Zielgruppe. Was müsste geschehen, damit Sie für diese Menschen noch attraktiver werden? In welchen Bereichen können Sie Ihre Leistung sinnvoll erweitern, verbessern, ergänzen? Können Sie diese Leistungen selbst erbringen? Im Zweifelsfall sollten Sie bei Ihren Kernkompetenzen bleiben, Verzettelung vermeiden und den passenden Kooperationspartner finden. Jetzt haben Sie den entscheidenden Schritt vollzogen: Sie werden vom Produktanbieter zum Zielgruppenbesitzer.

**... durch Kooperation**

Die Bedürfnisse Ihrer Zielgruppe müssen also Dreh- und Angelpunkt Ihrer Überlegungen sein. Folgende Beispiele werden das veranschaulichen:

- Eine Steuerberaterkanzlei kooperiert mit einem auf Steuerrecht spezialisierten Rechtsanwalt in Bürogemeinschaft, um ihren Mandanten ganzheitliche Beratung und kurze Wege bieten zu können.

- Ein Systemhaus, das eine Software für Finanzdienstleister anbietet, arbeitet mit einem Hardwarelieferanten zusammen, der das Netzwerk liefert und installiert. Der Kunde kauft anstatt einer Software eine Komplettlösung aus einer Hand ohne Schnittstellenverluste.

- Ein Webdesigner, der Homepages für Augenoptiker erstellt, „hostet" die Homepages seiner Kunden bei einem Provider. Der Kunde braucht sich nicht mit Technik und Administration befassen und der Designer kann den Kunden dauerhaft binden und zusätzlichen Umsatz generieren.

**Virtuelle Integration**

Sie sollten sich genau überlegen, wie eng Sie die Kooperation gestalten. Das geht von der lockeren Empfehlung Ihres Partners bis zur „virtuellen Integration", bei der Ihr Kunde gar nicht weiß, was Sie selbst leisten und was nicht. Welche Variante Sie wählen, hängt von der Ausrichtung Ihrer Marke und der Bedeutung und Komplexität der zugekauften Leistung ab. Die virtuelle Integration bietet drei entscheidende Vorteile:

- Das One-Face-to-the-Customer-Prinzip. Die meisten Kunden bevorzugen es, einen einzigen Ansprechpartner zu haben, der sie betreut und dem sie vertrauen können.
- Sie wissen, was abläuft, behalten den Kunden bei sich und sind weniger abhängig von Ihrem Partner. Mögliche Folgeaufträge werden über Sie abgewickelt und ein eventuell notwendig werdender Wechsel des Partners ist Ihnen leichter möglich.
- Sie stärken die Attraktivität Ihrer Marke auf dem Weg zum virtuellen Monopol.

**Partnerschaften bergen Synergiepotenziale**

Wenn Sie „Zielgruppenbesitzer" sind und das Vertrauen Ihres Kunden genießen, ist jedes ungelöste Problem Ihres Kunden eine wertvolle Gewinnchance. Sie könnten mehrere Kooperationen haben oder ein ganzes Netzwerk aufbauen. Dieses Netzwerk kann einen enormen Nutzen erzeugen: Multiplizieren der Kontakte, Senken der Werbekosten durch gemeinsame Aktivitäten, Lerngewinne, Stärken der Marktgeltung, Vermindern von Schnittstellenverlusten usw. Das funktioniert allerdings nur dann, wenn grundlegende Voraussetzungen erfüllt sind.

Die wesentlichen Grundlagen für erfolgreiche Kooperationen:

- **Komplementäre Fähigkeiten**
  Die Fähigkeiten aller Partner müssen sich sinnvoll ergänzen. Ein Mehr desselben ist nutzlos und schafft Konkurrenzsituationen.

Kooperationsgrundlage: komplementäre Fähigkeiten

- **Gegenseitiges Vertrauen**
  Setzen Sie alles daran, in Ihren Kooperationen eine Kultur des Vertrauens zu entwickeln. Wenn das nicht gelingt, fehlt dem Netzwerkgedanken die wesentliche Grundlage.

- **Win/Win-Denken**
  Was erwartet der Partner vom anderen und was ist er bereit, dafür zu geben? Es muss Ausgewogenheit herrschen und jeder Partner muss persönlich und geschäftlich von der Kooperation oder dem Netzwerk profitieren.

- **Erwartungen klären**
  Definieren Sie mit Ihrem Partner gemeinsame Ziele und Arbeitsprämissen. Sprechen Sie über Qualitätsstandards, eventuelle Wettbewerbsüberschneidungen und nehmen Sie mögliche Schnittstellenprobleme vorweg. Legen Sie Vereinbarungen schriftlich fest.

- **Partnerschaftliche Verantwortung**
  Ein weiterer zwingender Grundsatz ist die Bereitschaft, die entstehende Verantwortung (beispielsweise für Qualitätsnormen) zu übernehmen. Schon ein einziges Leck kann das ganze Schiff versenken.

*Vodafone* **und** *Lufthansa*

Im knüppelharten Wettbewerb unter den Mobilfunkanbietern muss man seinen Kunden immer neue Gründe liefern, sich für die eigene Marke zu entscheiden. Bei *Vodafone* ging man eine Kooperation mit *Lufthansa* ein, um den gemeinsamen Kunden einen attraktiven Zusatznutzen zu bieten: den Business-Traveller-Tarif. Telefonieren, Meilen sammeln und abheben. Der Handybenutzer sammelt pro abgerechnete Minute *Lufthansa*-Prämienmeilen auf seinem Konto. Als Anreiz zum Einstieg gibt es einen Begrüßungsbonus von 2.500 Meilen.

*Nike* **und** *Philips*

Wer kennt sie nicht, die Jogger, Walker oder Skater mit dem Kästchen in der Hand und den Knöpfen in den Ohren. Die umständliche Handhabung der *Walkmans* veranlasste den Elektronikspezialisten *Philips,* in Kooperation mit dem Sportlabel *Nike* einen MP3-Player speziell für Sportler, zu entwickeln. Der *Psa128max* ist ein federleichtes, eiförmiges Gerät, wird am Oberarm getragen und bietet vier Stunden Musik zum Mitnehmen. Ohrhörer und Bedienfeld bestehen aus schweißresistentem Material. Ein Beispiel für Kompetenzgewinn und Zusatzgeschäft für beide Marken.

Auch kleine und mittelständische Unternehmen profitieren von Kooperationen

*Paidi* **und** *Milupa*

Die *Paidi Möbel GmbH & Co KG* im fränkischen Hafenlohr hat sich als Hersteller von hochwertigen Kindermöbelprogrammen einen Namen gemacht. Die Marke steht für Nestwärme und Harmonie. *Paidi* arbeitet mit dem Kindernahrungsproduzenten *Milupa* zusammen. Da es ausgedehnte Zielgruppenüberschneidungen gibt, macht es beispielsweise Sinn, Adressdatenbanken gemeinsam zu nutzen.

*Braintool:*
## *So macht Sie Ihr Partner stark*

Durch Kooperationen oder strategische Allianzen können Sie Ihre Fähigkeiten und Leistungen ohne Risiko erweitern. Prüfen Sie anhand dieser Fragen, welche Kooperationen Ihr Unternehmen nach vorne bringen.

**Braintool:**
***Denken + machen***

1. Welche Probleme hat die Zielgruppe, die Sie durch eine Kooperation lösen könnten?

2. Welche Vorteile hätte die Kooperation außerdem für Ihren Kunden?

3. Welche Vorteile hätten Sie selbst von einer funktionierenden Kooperation?

4. Welche Vorteile hätte Ihr Kooperationspartner von der Zusammenarbeit?

5. Welche Voraussetzungen muss Ihr Kooperationspartner erfüllen?

6. Welche Unternehmen kommen als Partner in Frage?

7. Welche Schwierigkeiten könnten in der Zusammenarbeit auftreten?

8. Welche Regeln und Standards könnten verhindern, dass es zu Schwierigkeiten kommt?

9. Wie eng soll die Kooperation gestaltet werden?

10. Vereinbaren Sie klare Schnittstellen.

**Braintool:**
***Denken + machen***

*Braintool:*
## *Das sollten Sie bei der Netzwerkgründung beachten*

Netzwerke besitzen ein großes Leistungs- und Ausbreitungspotenzial. Es funktioniert aber nur, wenn der Zusammenarbeit klare Vereinbarungen zu Grunde liegen.

1. Welche Ziele verfolgt das Netzwerk?

2. Wie lautet die Prioritätenfolge dieser Ziele?

3. Welche Netzwerkpartner können sich komplementär ergänzen?

4. Wo können Überschneidungen oder Konkurrenzsituationen auftreten?

5. Wie viel Zeit müssen Sie in die Pflege Ihres Netzwerkes investieren?

6. Welche Organisationsform ist zur Zielerreichung am besten geeignet?

7. Welche formellen Aspekte sind sinnvoll und notwendig (Häufigkeit der Treffen und Aktivitäten, Protokolle, vertragliche Vereinbarungen)?

8. Sollen möglicherweise weitere Partner aufgenommen werden?

9. Welche Größe wäre für Ihr Partnernetzwerk optimal?

10. Wie werden Entscheidungen im Partnernetzwerk getroffen? (kollegiale oder präsidiale Führung?)

# Gute Zeilen, schlechte Zeilen

## *Den Markenaufbau durch Public Relations unterstützen*

Wenn ein junger Mann beim Rendez-vous einem Mädchen erzählt, was für ein cooler Typ er sei, ist das Reklame. Sagt er ihr, wie reizend sie aussieht, dann ist das Werbung. Gewinnt er sie aber, weil andere erzählen, was für ein cooler Typ er sei, dann ist das Public Relations.

**Public Relations als ungenutzte Chance**

Wie sagte doch Robert Schuller, der weltbekannte Fernseh-Priester aus Kalifornien: „Werden Sie auf Ihrem Gebiet der Beste und dann ziehen Sie einen knallroten Pullover an, um bemerkt zu werden.“ Zumindest mit dem zweiten Teil der Forderung tun sich deutsche Mittelständler schwer. Während 2002 knapp 30 Mrd. EUR in Werbung investiert wurden, schenkt man der Öffentlichkeitsarbeit weit weniger Aufmerksamkeit. Nach einer Umfrage des Hamburger Marktforschungsinstituts *Ipsos* leisten sich nur fünfzehn Prozent der untersuchten mittelständischen Unternehmen eine eigene PR-Abteilung. Nur acht Prozent arbeiten mit einer PR-Agentur zusammen. Erstaunlich, wenn man bedenkt, dass Presseveröffentlichungen nicht nur als glaubwürdiger eingestuft werden als klassische Werbung, sondern auch weit weniger kosten. Das ist Ihre Chance. Machen Sie von sich reden, um Ihren Marktwert clever zu steigern.

**Publicity als Geburtshilfe**

Um erfolgreich zu sein, muss eine Marke einen möglichst hohen Bekanntheitsgrad erreichen. Eine neue Marke allein mit Werbung einzuführen, gleicht dem Versuch den Bodensee, mit einer Kaffeetasse auszuschöpfen. Die optimale Geburtshilfe heißt Publicity. Die meisten Megamarken aus dem Hightechbereich wie *Apple*, *Microsoft* und *Sun* wurden zuerst durch die Wirtschaftsmagazine populär, ehe sie genug verdienten, um Millionen in die Markenpflege stecken zu können. Marken werden mit Publicity aufgebaut und mit Werbung gepflegt.

**Neuartige Lösungen**

Wo liegt das Publicity-Potenzial Ihrer Marke? Warum sollte eine Zeitung darüber berichten? Ideal ist es, das erste Produkt in einem neuen Marktsegment zu platzieren. Die Medien lieben alles, was neu und interessant klingt. Welche neue oder neuartige Lösung haben Sie anzubieten?

**Preise und Rekorde**

Lassen Sie sich von den Artikeln in den Zeitungen inspirieren. Was ist das Interessante daran? Sammeln Sie Beispiele. Gibt es etwas Außergewöhnliches über Sie zu berichten? Gewinnen Sie Preise, stellen Sie Rekorde auf, machen Sie irgendwie auf sich aufmerksam. Aber vergessen Sie dabei nicht: Was immer Sie tun, muss zur Botschaft Ihrer Marke passen. Wenn Sie keinen Preis gewinnen können, dann stiften Sie doch einen.

**Der *Regent-Schneider-Preis***

Der fränkische Herrenausstatter *Regent* stiftete den *Regent-Schneider-Preis*. An 35 deutschen Mode- und Meisterschulen wurden Nachwuchsdesigner aufgefordert, ihr Können unter Beweis zu stellen. Dem Unternehmen gelang es, hochkarätige internationale Modefachleute für die Jury zu gewinnen. Auf einer groß angelegten Modenschau wurden die Entwürfe der Nachwuchstalente in gebührendem Rahmen präsentiert. Der Sieger erhielt 2.500 EUR Preisgeld. Das Echo in Tages- und Textilfachpresse war enorm und der Imagegewinn beachtlich.

***Achilles* und der *First File Award***

Die *Achilles Präsentationsprodukte GmbH* in Celle ist auf die Herstellung und Veredlung außergewöhnlicher Präsentationsmappen spezialisiert. Zur Kernzielgruppe gehören Werbeagenturen, die ihren Kunden extravagante Salesfolder und Produktpräsentationen bieten möchten. Gemeinsam mit dem *AGD*, dem *Kommunikationsverband* und anderen Partnern wurde 2002 der Kreativitätswettbewerb *First File Award* ausgerichtet. Die Resonanz war beachtlich: Zahlreiche Kreative schickten ihre Entwürfe zu außergewöhnlich gestalteten Präsentationsmappen, die in Celle als Prototyp gefertigt wurden. Als im Sommer 2002 die Exponate in den Räumen der *Print Media Academie* in Heidelberg von einer namhaften Juroren-Mannschaft beurteilt wurden, hatte *Achilles* neben Reputation auch eine Menge Ideen, Kompetenz und Know-how gewonnen. Das Echo der Fachpresse war beachtlich und *Achilles* hat sich in seiner Marktnische nachhaltig etabliert.

## *Das schnellste Buch der Welt*

**Die *Stiftung Lesen* und das Turbo-Buch**

Am Tag des Buches, dem 23. April 2002, überraschte die *Stiftung Lesen* in Mainz die Welt mit einem kreativen Abenteuer: Innerhalb eines Tages(!) werde man ein Buch vollständig schreiben, drucken und publizieren. Über 150 Autoren, Lektoren, Drucker, Verlagsmitarbeiter und Rezensenten waren an dem publicityträchtigen Projekt beteiligt. Als das Anthologiethema um 7:45 Uhr bekannt gegeben wurde, gingen 40 Autoren, überall im Land verstreut, ans literarische Werk. Zwei Stunden später gingen die Texte ins Lektorat und anschließend zum Satz, um schließlich in Köln auf historischen Druckmaschinen in Handarbeit gedruckt, gefalzt und geschnitten zu werden. Die fertigen Werke wurden per Auto und Zug in zehn deutsche Städte zwischen Hamburg und Wiesbaden gebracht. Begleitend zum Verkauf fanden dort Autorenlesungen statt und zeitgleich erschien die erste Rezension des Werkes von einem Mitarbeiter der Uni Marburg im Internet. Der gesamte Verkaufserlös wurde einer Hilfsorganisation für den Kauf von Schulbüchern in Afghanistan gestiftet. Motiv der schweißtreibenden Aktion: Man wollte das Medium Buch mit ungewöhnlichen Mitteln ins öffentliche Bewusstsein rücken. Das Ergebnis war ein durchschlagender Erfolg: Die Pressemitteilung der Stiftung Lesen wurde bereits einen Tag nach ihrer Veröffentlichung in 120 Medien publiziert, glossiert und kommentiert. Selbst *CNN* berichtete über diese Aktion.

Manchmal erzeugt selbst die absurdeste Nonsens-Aktion Publicity und lässt den Bekanntheitsgrad einer Marke beeindruckend in die Höhe schnellen. Dies bewies vor einigen Jahren das Beispiel eines sächsischen Unterhosenherstellers.

***Bruno Banani* auf der *MIR***

Bei der Gründung der *Bruno Banani Underwear GmbH* 1993 wusste man, dass es schwer sein würde, sich gegen die etablierte Konkurrenz wie *Schiesser* und *Jockey* durchzusetzen. Man baute von Anfang an auf ein unorthodoxes Marketing und auf die Macht der Medien. Unter dem Slogan „Not For Everybody" positioniert sich *Bruno Banani* als außergewöhnliche Unterwäsche für außergewöhnliche Männer. Da musste auch ein außergewöhnlicher Sponsoringpartner her. 1998 wurde der Herrenslip an Bord des russischen Raumschiffes *Sojus* zur Raumstation *MIR* geschossen – angeblich um Passgenauigkeit und Reißfestigkeit der Kollektion unter Extrembedingungen zu testen. In 40.000 m Höhe und einer Geschwindigkeit von 28.000 km/h kam die Designerwäsche zum Einsatz, als der Kosmonaut Nikolai Badurin – nur mit der Buxe bekleidet – sein schweißtreibendes Fitnessprogramm absolvierte. Damit sich auch die Außerirdischen von Design und Qualität des guten Stücks überzeugen konnten, wurde die Unterhose anschließend im All entsorgt. Seither ist erwiesen, dass die Wäsche bei 50 Grad über und unter Null einsatzbereit ist und das Prädikat „Space proofed" verdient. *Bruno Banani* erntete nicht nur eine gewaltige Medienpräsenz, sondern auch zahlreiche Erwähnungen in Lehrbüchern über PR-Events.

Die Unterhose war sozusagen in aller Munde. Vom Erfolg beflügelt, setzten die *Banani*-Leute noch einen drauf:

**Die schnellste Unterhose der Welt**

Im Juli 2002 unterzog die Lifestylemarke ihre Unterwäsche einem Hochgeschwindigkeitstest am Forschungszentrum Jülich. Im Teilchenbeschleuniger erreichten die Protonen einer Shorts der Serie „Your Active Underwear" die unvorstellbare Energie von 24 MeV (Millionen Elektronenvolt). Mit umgerechnet 239.697.964,948 km/h verfügen die Chemnitzer jetzt offiziell über die „schnellste Unterhose der Welt".

Die Marke ist mittlerweile Kult. Geschäftsführer Wolfgang Jassner wurde für sein unkonventionelles Marketing mit dem Marketing

Award East und als „Mutiger Unternehmer Deutschlands" ausgezeichnet.

PR ist die bessere Werbung

Der Unterhosen-Hype erscheint Ihnen zu abgehoben? Es gibt auch andere Wege, sich in die Köpfe der Menschen zu bringen. Erspüren Sie Trends mit unerkanntem Publicity-Potenzial. Machen Sie sich zum Anführer einer verschworenen Gemeinschaft. Wie man die schnaubenden Medienpferde völlig kostenlos vor seinen Karren spannt, zeigte uns der Internet-Spezialist Christian Stein Ende 2002.

**Das letzte Hemd für den Kanzler**

Kaum war der „Steuersong" halbwegs verdaut, musste der Bundeskanzler erneut satirisches Ungemach hinnehmen: Im Dezember 2002 ging ein außergewöhnliches Thema durch die Medien. In seinem Appell „Euer letztes Hemd für Schröder" rief der Internetmarketing-Fachmann Christian Stein aus Schwerte dazu auf, dem Kanzler das sprichwörtliche „letzte Hemd" zu schicken. Nachdem die Unzufriedenheit der Bürger mit der Steuer- und Wirtschaftspolitik der Bundesregierung ihren Höhepunkt erreicht hatte, kam die Aktion vielen wie gerufen, um ihrem Ärger Luft zu machen. Die Folgen des Internet-Kettenbriefes (einem Bilderbuchbeispiel für virales Marketing) waren selbst für den Initiator überwältigend: Mehrere zehntausend Hemden überschwemmten die Poststelle des Kanzleramtes. Selbst Bürgermeister und Stadtkämmerer übergaben das letzte Hemd und der Medienrummel war enorm. Innerhalb weniger Tage wusste jeder, wer Christian Stein aus Schwerte ist und was mit Internet-Aktionen alles möglich war.

**Angela Merkel im Cabriolet**

Empörung löste der Autovermieter *Sixt* aus, als er auf seinen Cabrio-Mietangeboten die damalige CDU-Vorsitzende Angela Merkel in unbotmäßiger Weise darstellte. „Lust auf eine neue Frisur? Mieten Sie sich ein Cabrio!" war da zu lesen. Darüber prangte die CDU-Frontfrau mit wüst zu Berge stehenden Haaren. Geschmacklos? Jedenfalls stürzten sich die Medien auf das Thema und bald war eine politische Diskussion darüber losgetreten, wie weit Werbung gehen dürfe. Frau Merkel nahm's gelassen und der Pullacher Autovermieter hatte die Lacher auf seiner Seite.

Gewöhnliches wird nicht beachtet. Um aus der Fülle der täglichen Informationen herauszuragen, müssen Sie sich schon etwas einfallen lassen. Aber bitte nicht mit dem Kopf durch die Wand. Beim Versuch, den Vogel abzuschießen, hat sich schon manches Unternehmen zu weit aus dem Fenster gelehnt, wie die folgenden „AnEck-doten" zeigen:

***Vodafone*** **und der Flitzer**

Um einen richtigen Knaller zu landen, ließ man sich bei *D2 Vodafone* etwas Besonderes einfallen: Sommer 2002. Ein gut gefülltes Rugby-Stadion in Sidney. Tausende Fans beobachten das Spiel Australien gegen Neuseeland. Plötzlich rennen zwei Flitzer, splitternackt, mit dem *Vodafone*-Logo auf dem Rücken, auf das Spielfeld, wo sie vor laufenden Kameras von Ordnungshütern eingefangen werden müssen. Die verantwortlichen Marketingleute rieben sich die Hände. Selbst mit einer saftigen Ordnungsstrafe könnte man angesichts dieser Publicity gut leben. Leider entpuppte sich die Aktion als ein Schuss in den Ofen. Nicht nur die Spieler und die Polizei waren genervt, sondern auch die Zuschauer. Ein neuseeländischer Spieler bereitete nämlich gerade einen wichtigen Strafstoß vor. Durch die Unterbrechung völlig aus dem Tritt, vergab er die Chance und die Fans schäumten vor Wut.

***Savoyen*** **und das weiße Pulver**

*Savoyen*, eine französische Wintersport-Region, möchte Winterurlauber für sich gewinnen. Man kam auf den originellen Einfall, 25.000 Briefe mit künstlichem Schnee an potenzielle Winterurlauber zu versenden. Leider war das im Oktober 2001, auf dem Höhepunkt der Milzbrandpulver-Hysterie. Die Aktion endete in einem Fiasko. Danach waren nicht nur die Mitarbeiter der Postämter urlaubsreif. Die Aktion brachte statt Touristenströme eine Nominierung zum Marketingflopp des Jahres 2001.

*Braintool:*

## *Zehn Wege zu erfolgreicher Pressearbeit*

Konsequente Öffentlichkeitsarbeit gehört zum Pflichtprogramm für den Brandingchampion. Ärgern Sie Ihre Konkurrenz, indem Sie dafür sorgen, dass Ihr Name häufig in der Zeitung steht.

**Braintool:**
***Denken + machen***

1. **Institutionalisieren Sie Ihre PR-Aktivitäten**
   Bestimmen Sie einen verantwortlichen Mitarbeiter, der Kontakte zu Redakteuren der Tagespresse und zu den für Sie relevanten Fachpublikationen pflegt.

2. **Machen Sie eine Medienanalyse**
   Stellen Sie fest, welche Publikationen für Ihre Zielgruppe interessant sein könnten und sammeln Sie Adressen und Ansprechpartner.

3. **Sammeln Sie Ideen**
   Was wäre für die Presse interessant und berichtenswert? Sammeln Sie Ideen und lassen Sie sich von PR-Artikeln anderer Unternehmen inspirieren.

4. **Pflegen Sie Kontakte**
   Lassen Sie keine Gelegenheit aus, die Presse zu Aktivitäten Ihres Unternehmens zu unterrichten und laden Sie sie zu geeigneten Anlässen und Events ein.

5. **Schaffen Sie Klarheit**
   Bereiten Sie Ihre Pressemitteilungen so auf, dass der Redakteur schnell erkennt, worum es geht, und fügen Sie, wenn immer möglich, ein Foto bei.

6. **Machen Sie es den Journalisten einfach**
   Rufen Sie den Redakteur an, bevor Sie Ihre Mitteilung versenden und klären Sie, wie er Ihre Daten benötigt. Stellen Sie Texte und Bilder elektronisch auf Ihrer Homepage zur Verfügung.

7. **Seien Sie hartnäckig**
   Bleiben Sie am Ball – aber ohne penetrant zu werden. Rufen Sie an und fragen Sie freundlich aber verbindlich, wann der Artikel erscheinen wird.

8. **Nutzen Sie Veröffentlichungen gut**
   Kopieren Sie erschienene Artikel für Kunden und Ihre Mitarbeiter und veröffentlichen Sie sie gegebenenfalls auf Ihrer Website.

9. **Sorgen Sie für gutes Bildmaterial**
   Fügen Sie, wenn möglich, aussagefähige und professionelle Bilder zu Ihrer Mitteilung hinzu. Amateurhaft wirkende Aufnahmen ruinieren die Wirkung Ihres Artikels. Schreiben Sie auf die Bildrückseite Adresse und Telefonnummer. Bei elektronischem Bildmaterial auf ausreichende Auflösung (ca. 300 dpi) achten.

10. **Gute Form beachten**
    Gestalten Sie Ihre Pressemitteilung nach dem Braintool „Gestaltungstipps für Pressemitteilungen“.

*Braintool:*
## *Gestaltungtipps für Pressemitteilungen*

Journalisten bekommen sehr viele unverlangte Berichte zugeleitet. Die folgenden Tipps steigern die Chancen einer Veröffentlichung.

**Braintool:**
***Denken + machen***

1. **Werden Sie sich über Ihr Ziel klar**
   Was genau will ich mit diesem Artikel erreichen? Gestalten Sie den Inhalt nach diesem Ziel.

2. **Schaffen Sie eine klare Struktur**
   Sagen Sie gleich im ersten Absatz, worum es geht. (Wer macht was, wann und wo?). Hintergrundinformation (wie und warum) und weniger Wichtiges folgen weiter hinten im Text. Die meisten Redakteure kürzen vom Schluss her.

3. **Schaffen Sie Leseanreize**
   Finden Sie eine aussagefähige Headline, die zum Lesen des Artikels motiviert. Die wichtigste Nachricht in die Überschrift, eine kurze Erklärung gleich darunter.

4. **Machen Sie es dem Leser leicht**
   Gliedern Sie Ihren Text überschaubar in Abschnitte. Schreiben Sie logisch zusammenhängend und führen Sie rasch zur erwünschten Information.

5. **Einfacher und konkreter Schreibstil**
   Vermeiden Sie Schachtelsätze. Die Hauptsache in den Hauptsatz, Nebensache in den Nebensatz. So wenig Fremdworte und Fachchinesisch wie möglich. Keine Abkürzungen. Seien Sie konkret (statt Geflügel besser Hühner, statt Niederschläge besser Hagel).

6. **Bleiben Sie sachlich**
   Ihre Pressemitteilung ist kein Werbetext. Vermeiden Sie Wertungen, Urteile und Superlative. Benutzen Sie keinen

„Wir-Stil" und keine direkte Ansprache des Lesers. Bei Personen deren Funktion hinzufügen und auf die Anrede (Herr Findeisen, Frau Sommer) verzichten.

7. **Auflockerungen im Text**
   Benutzen Sie zum Auflockern Ihres Textes Zwischenüberschriften und Zitate – aber keine Binsenweisheiten oder Banalitäten.

8. **Achten Sie auf eine gute Form**
   Begrenzen Sie Ihren Bericht auf maximal eine Seite. Wählen Sie ein klares Schriftbild und einen großzügigen Zeilenabstand. Lassen Sie vier bis fünf Zentimeter Platz am Rand, damit der Redakteur redigieren kann.

9. **Das Finish nicht vergessen**
   Geben Sie am Ende Ihres Textes Ihren Namen, die Rufnummer und die Anzahl der Zeichen an. Sorgen Sie dafür, dass Sie für eventuelle Rückfragen erreichbar sind. Bei Bildern die Anschrift und Rufnummer auf der Rückseite vermerken.

10. **Nachlese**
    Prüfen Sie die Wirkung des Artikels nach dem Erscheinen und fragen Sie Ihre Kunden nach ihrem Eindruck. Haben Sie Ihr Ziel erreicht? Lernerfahrungen beim nächsten Mal nutzen.

## *Erfinden Sie Ihr Business neu*

*Fallbeispiel: Inktex*

*„Stoffe begleiten uns durch unser ganzes Leben. So vielfältig wie ihre Einsatzmöglichkeiten sind die spezifischen Erfordernisse und die technischen Methoden, diesen Erfordernissen gerecht zu werden." (Imagefolder der Georg + Otto Friedrich KG)*

inktex+
by Georg+Otto Friedrich

Seit der Gründung im Jahr 1950 entwickelte sich das Unternehmen *Georg + Otto Friedrich* von einem Lohnbetrieb der Mieder- und Automobilindustrie zu einer führenden Wirkerei in Europa. Die Firmengeschichte ist ein beeindruckendes Beispiel für Marktgespür und Leistungsbereitschaft. Seinen Erfolg verdankt das Unternehmen nämlich zum großen Teil seiner Innovationsfähigkeit und der Konsequenz, mit der es seine Produkte konsequent am Bedarf seiner Zielgruppe ausrichtet.

**Industrielle Produktion von Textilien**

**Situation:**

Ende der neunziger Jahre stieg mit der fortschreitenden Entwicklung des Digitaldrucks auch die Bedeutung von Textilien als Informationsträger im Messe- und Ladenbau. Das Bedrucken konventioneller Stoffe mit Inkjet-Druckern war jedoch problematisch und auf bestimmte Materialstärken oder Trägermaterialien beschränkt. Dieser Engpass wurde von der *Georg + Otto Friedrich KG* erkannt und man entschied sich zur Entwicklung eines Polyesterstoffes, der speziell auf die Erfordernisse des digitalen Textildrucks zugeschnitten war.

Nach aufwändigen Versuchsreihen in den Laboren des Unternehmens gelang es den *Georg + Otto Friedrich*-Technikern schließlich, genau diesen Stoff zu erzeugen. Seine Oberflächenstruktur, Bedruckbarkeit und Dichte entsprachen exakt der Problemstellung. Er gab Druckmotive in strahlenden, gesättigten Farben wieder und die Zertifizierung nach den maßgeblichen Brandschutzrichtlinien machte ihn zum idealen Material für den Einsatz als Banner, Displays, Sichtschutz und Dekostoff.

Wir wurden damit beauftragt, eine Kampagne zu entwickeln, um dieses innovative Produkt zu vermarkten. Das war die Geburtsstunde von *inktex* – dem Stoff, aus dem die Drucker-Träume sind.

**Lösung:**
Zunächst musste ein griffiger Name für den Stoff gefunden werden. Nach intensiven Überlegungen und unfassenden Marktrecherchen entschieden wir uns für *„Inktex+"* (sprich: *InktexPlus*). Wir entwarfen ein Logo und machten uns an die Ausarbeitung der Produktvorteile. Gemeinsam mit der Geschäftsleitung wurden die Zielgruppe und deren Ansprache definiert sowie die Kommunikationskanäle ausgewählt. Wir richteten unseren Fokus auf weiterverarbeitende Betriebe, Druckereien, Werbetechniker und Messebauer, die direkt beliefert werden sollten. Danach wurde ein Schaltplan erstellt und Anzeigenmotive entwickelt, die die Vorzüge des neuen Materials auf den Punkt brachten. Parallel hierzu konnten wir Großbild-Druckereien dafür gewinnen, *Inktex+* unter realistischen Bedingungen zu testen. Die Ergebnisse waren mehr als überzeugend. Wir führten Interviews mit unseren „Probanden" und das gewonnene Feedback floss direkt in die Weiterentwicklung von *Inktex+* ein. So stellte sich beispielsweise heraus, dass sich die Anwender mehr Flexibilität in den lieferbaren Größen wünschten. Friedrich reagierte prompt und der Stoff war bald in individuellen Breiten von bis zu 500 Zentimeter lieferbar.

**Stoffliche Vielfalt: Stoffmuster Booklet**

**Konsequente Öffentlichkeitsarbeit**

Wir legten großen Wert auf konsequente Öffentlichkeitsarbeit. Nachdem die relevanten Fachpublikationen zusammengestellt waren, versendeten wir Pressemitteilungen, die wir mit Anwenderberichten und Andruckmustern versahen.
In einer internationalen Anzeigen-Kampagne wurde *Inktex+* als „neue Generation der Digitaldruckstoffe" vorgestellt. Ein Anspruch, der keineswegs übertrieben war. Die Veröffentlichungen verfehlten ihre Wirkung nicht und bald schon kamen die ersten Anfragen nach Mustern und Bestellungen.

In Kooperation mit namhaften Herstellern von Flachbettplottern wurden Informationsveranstaltungen durchgeführt. Die Druckeranbieter legten ihren Maschinen bei der Auslieferung *Inktex+*-Proben bei und empfahlen den Stoff für hervorragende Druckergebnisse. Parallel wurde die Internetpräsenz von *Georg + Otto Friedrich* um eine Datenbank ergänzt, die den Kunden ein komfortables Auswählen und Bestellen des Materiales ermöglichte.

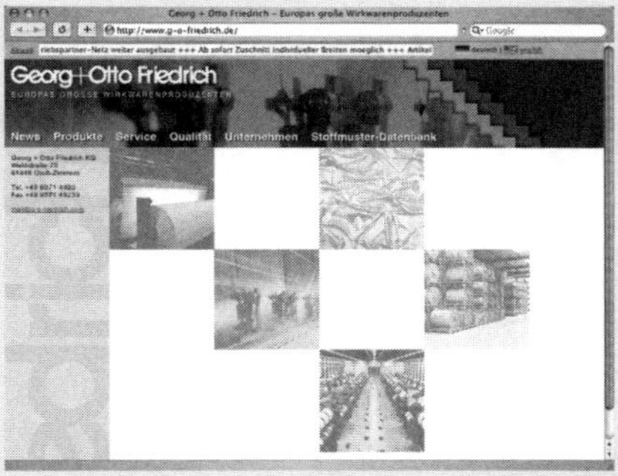


**Website mit Stoffmusterdatenbank**

**Ergebnis:**

Heute ist *Inktex+* mit einem Marktanteil von über 80 Prozent unangefochtener Marktführer im Bereich der Digitaldruckstoffe. Sein Anteil an der Gesamtproduktion beträgt etwa fünfzehn Prozent. Das heißt etwas, denn der monatliche Output der *Georg + Otto Friedrich KG* liegt bei 400 Tonnen Rohware – etwa fünf Millionen Quadratmeter ausgerüsteter Stoff. Das entspricht einer 50 Zentimeter breiten Stoffbahn, die man mehr als zweimal um den Äquator wickeln könnte.

## Rücke vor bis zur Schlossallee

Dieses Buch sollte Ihnen Denkanstöße vermitteln und Sie dazu inspirieren, Ihr Unternehmen als Marke zu betrachten und zu entwickeln. Sie haben längst gemerkt, dass Branding eine spannende Angelegenheit ist, die sich in ihrer Vielschichtigkeit nicht gänzlich zwischen zwei Buchdeckel pressen lässt. Ich hoffe trotzdem, das „Lesen meiner Gedanken“ machte Ihnen Spaß, Sie haben schon einen ganzen Rucksack voller guter Ideen geschnürt und sind entschlossen, gleich morgen mit der Umsetzung zu beginnen. Setzen Sie sich Ziele und haben Sie etwas Geduld, Markenaufbau benötigt Kontinuität. Ihre Saat wird ganz sicher aufgehen.

Es ist kein Zufall, dass eine der Grundthesen dieses Buches lautet „Was zählt, sind die Dinge hinter den Dingen“. Ich möchte Sie am Ende unserer Begegnung zu einem kleinen philosophischen Gedankenspaziergang einladen, der uns zu einer eher makroskopischen Betrachtungsweise führen wird.

Machen Sie sich bewusst, dass Ihre Marke Ihre Persönlichkeit widerspiegelt. Sie ist Ihr Selbstausdruck und muss entwickelt und gepflegt werden, damit sie wächst. Dieses Buch baut auf Naturgesetzen auf, denen wir alle unterworfen sind und die keineswegs nur für die Bereiche Branding oder Management gelten. Es sind Gesetze, die wir uns bewusst machen müssen und die für die Entwicklung der eigenen Persönlichkeit genauso gelten wie für die von Freundschaft, Partnerschaft und Ehe.

Nach dem zweiten Grundsatz der Wärmelehre besitzen geschlossene Systeme die Neigung, von einem Zustand der Ordnung in Unordnung überzugehen. Energie wird verbraucht, Entropie und Komplexität nehmen zu. Das Universum treibt unaufhaltsam ins Chaos und um eine vom Menschen geschaffene Ordnung aufrecht zu erhalten, muss permanent Energie zugeführt werden, was uns ständig mit Herausforderungen konfrontiert. Dem gegenüber beobachten wir in der Natur auch den umgekehrten Prozess: Das Streben allen Lebens, sich zu entwickeln und zu wachsen. Paul Watzlawick nennt ihn Negentropie. Wir bezeichnen diesen Wachstumsprozess im Allgemeinen als Evolution (Ent-Faltung).

In unserer Wirtschaft beobachten wir ähnliche Gesetzmäßigkeiten, wie sie auch in der Natur herrschen. Wir sehen uns Herausforderungen und harter Konkurrenz ausgesetzt, die uns zwingt, uns immer weiter zu entwickeln und zu wachsen, um dauerhaft überleben zu können. Demzufolge gilt auch in der freien Wirtschaft der Darwinsche Grundsatz vom Überleben des „Passenden" (The fittest survives).

Um erfolgreich zu sein, müssen wir Menschen uns in Gruppen zusammenschließen, müssen wir Partnerschaften und Kooperationen eingehen. Der Konkurrent wird zum Kooperationspartner, der Kunde wird zum Freund. Wir sind dazu verdammt, unser Nullsummen-Paradigma aufzugeben und uns, auf der Grundlage von Toleranz und Win/Win-Denken, gegenseitig Nutzen zu stiften. Genau wie jede Zelle, jeder Teil des menschlichen Organismus seinen Beitrag zum Funktionieren des Ganzen leistet, müssen wir lernen, unseren natürlichen Egoismus dem Ganzen unterzuordnen. Wir müssen die Entscheidung treffen, uns selbst zu entwickeln, unser Unternehmen zu entwickeln und andere Menschen im Rahmen unserer Möglichkeiten in ihrer Entwicklung und ihrem Wachstum zu fördern.

Als Grundlage dafür braucht unsere Welt vor allem eines: Vertrauen. Setzen Sie Vertrauen in Mitarbeiter, Partner und Kunden und man wird auch Ihnen vertrauen. Vertrauen ist der wertvollste Aspekt der Marke. Vertrauen macht Wachstum erst möglich.

Der amerikanische Psychologe Dr. Scott Peck definierte das Prinzip der Liebe auf wunderbare Weise: „Liebe ist kein Gefühl, sondern eine Tätigkeit und sie dient immer der Förderung des spirituellen Wachstums." Es lohnt sich, über diese Definition nachzudenken, und seine eigenen Schlüsse daraus zu ziehen.

Wenn Sie sich jetzt fragen, was das alles mit Branding zu tun hat, sehen Sie sich die Schlüsselsätze noch einmal an.

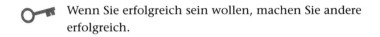

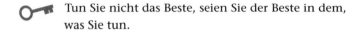

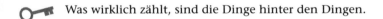

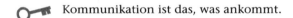

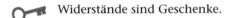

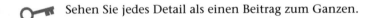

- Wenn Sie erfolgreich sein wollen, machen Sie andere erfolgreich.
- Tun Sie nicht das Beste, seien Sie der Beste in dem, was Sie tun.
- Was wirklich zählt, sind die Dinge hinter den Dingen.
- Kommunikation ist das, was ankommt.
- Vertrauen baut Brücken.
- Widerstände sind Geschenke.
- Sehen Sie jedes Detail als einen Beitrag zum Ganzen.
- Der Schlüssel zum Erfolg sind Menschen.

Ich wünsche Ihnen für Ihren Weg der Entwicklung und des Wachstums von ganzem Herzen Erfolg. Rücken Sie vor bis zur Schlossallee.

Karl-Heinz von Lackum
KH@Gedanken.de

# Quellen- und Literaturverzeichnis

**Aaker**, David A.: Die Strategie der Siegermarken. München 2001
**Aicher**, Otl: Analog und digital. Berlin 1991
**Antrecht**, Rolf (Hg.): McK Wissen 03. Hamburg 2002

**Bach**, Richard: Die Möwe Jonathan. Frankfurt 1977
**Barowski**, Mike: Textgestaltung. Berlin 1997
**Bettger**, Frank: Erlebte Verkaufspraxis. Zürich 1992
**Beckwith**, Harry: Das Unsichtbare verkaufen. 1997
**Birkenbihl**, Vera: Psycho-logisch richtig verhandeln. München 1990
**Birkenbihl**, Vera: Erfolgstraining. Schaffen Sie Ihre Wirklichkeit selbst. München 1990
**Blümelhuber**, Christian: Wenn der Kunde die Macht übernimmt (in: Acquisa 12/01)
**Braun**, Gerhard: Grundlagen der Visuellen Kommunikation. München 1987
**Brandt**, Jörg; u. a.: Aktiv verkaufen, besser verkaufen. Berlin 1998
**Busch**, Burkhard G.: Aktive Kundenbindung. Berlin 1998
**Busch**, Burkhard G.: Erfolg durch neue Ideen. Berlin 1999
**Bono**, Edward de: In 15 Tagen denken lernen. München 1990
**Bono**, Edward de: Der Klügere gibt nicht nach. Düsseldorf 1991
**Buchholz**, Andreas; **Wördermann**, Wolfram: Was Siegermarken anders machen. München 1998
**Buchholz**, Andreas; **Wördermann**, Wolfram: Wachstums-Code für Siegermarken. München 2000

**Cialdini**, Robert: Die Psychologie des Überzeugens, Bern 1997
**Clark**, Eric: Weltmacht Werbung. Die Kunst, Wünsche zu wecken. Bergisch Gladbach 1988
**Crainer**, Stuart: Die Jack-Welch-Methode. Die zehn Erfolgsgeheimnisse. Wien 2000
**Coelho**, Paulo: Der Alchimist. Zürich 1996
**Cornelsen**, Claudia: Lila Kühe leben länger. PR-Gags, die Geschichte machten. Franfurt 2002
**Covey**, Stephen: Die Sieben Wege zur Effektivität. Frankfurt/M. 1992

**Deutsch**, Christian: Perfekte Dienste kaufen (in: Markt und Mittelstand 1/03)
**Deutschman**, Alan: Das unglaubliche Comeback des Steve Jobs. Frankfurt/M. 2001
**Dichtl**, Erwin; **Eggers**, Walter: Marke und Markenartikel als Instrument des Wettbewerbs. München 1992
**Dittrich**, Helmut: Erfolgreiche Werbung für Klein- und Mittelbetriebe. Düsseldorf 1991
**Domizlaff**, H.: Die Gewinnung des öffentlichen Vertrauens. Hamburg 1992

**Ederer**, Günther: Das Märchen vom König Kunde. Offenbach 1998

**Endmark** International Namefinding AG: Finger weg von unaussprechlichen Markennamen (www.endmark.de)
**Enkelmann**, Nikolaus B.: Die Macht der Motivation. Landsberg a. L. 1999
**Enkelmann**, Nikolaus B.: Das Powerbuch für mehr Erfolg. Landsberg a. L. 2001
**Enkelmann**, Nikolaus B.: Der erfolgreiche Weg. Königstein 2001
**Enkelmann**, Nikolaus B.: Führen muss man einfach können. Frankfurt 2002

**Ferber**, Jens: Dreißig Minuten für erfolgreiche Presse- und Öffentlichkeitsarbeit. Offenbach 2000
**Felser**, Georg: Motivationstechniken. Berlin 2002
**Friedrich**, Kerstin: Empfehlungsmarketing. Offenbach 1997

**Geffroy**, Edgar K.: Das einzige was stört ist der Kunde. Landsberg a. L. 1993
**Geffroy**, Edgar K.: Abschied vom Verkaufen. Frankfurt/M. 1999
**Geffroy**, Edgar K.: Ich will nach oben. Landsberg a. L. 2000
**Goldmann**, Heinz: Erfolg durch Kommunikation. München 1996
**Göttert**, Jean-Marc: Die Nokia-Methode. Frankfurt/M. 2001
**Gottschall**, Dietmar: UnternehmerEnergie. Die Meister des modernen Managements. Bayreuth 1994
**Groß**, Frank: Nomen est Omen. Koblenz 1998
**GWA** (Hg.): So wirkt Werbung in Deutschland. Frankfurt/M. 1997
**GWA** (Hg.): So wirkt Werbung im Marketing-Mix. Frankfurt/M. 1997

**Hamacher**, Elli: Das Geschäft mit dem guten Namen (in Süddeutsche Zeitung 19.06.2002)
**Hammer**, Michael: Business Back To Basics. München 2002
**Henkel**, Hans-Olaf: Die Ethik des Erfolgs. München 2002
**Heppenheimer**, Johannes (Hg.): Zufall oder Goldgräbermentalität? Dieburg 2000
**Herbst**, Dieter: Corporate Identity. Berlin 1998
**Herbst**, Dieter: Markenführung (in www.Ideenreich.de)
**Hofe**, Klaus G.: Praktisches Werbe und Marketing ABC. Freiburg 1993
**Höhler**, Getrud: Moral ist Chefsache (in: Financial Times Deutschland 28.10.2003)

**Karfunke**, Tobias: Die Konkurrenzanalyse. Erlangen
**Kalka**, Regine; **Mäßen**, Andrea: Marketing. Planegg 1998
**Knox**, Simon; **Maklan**, Stan: Der 360 Grad-Wettbewerb. München 2000
**Kroeber-Riel**, Werner: Bildkommunikation. München 1993
**Kottler**, Philip: Marketing. München 1999
**Kobjoll**, Klaus: Motivaction. Zürich 1993
**Kobjoll**, Klaus: Virtuoses Marketing. Zürich 1995
**Kobjoll**, Klaus: Abenteuer European Quality Award. Zürich 2000
**KPMG** (Hg.): Unternehmensleitbilder in deutschen Unternehmen. Eine Untersuchung von KPMG in Zusammenarbeit mit dem Lehrstuhl für Unternehmensführung an der Universität Erlangen-Nürnberg 1999

**Lackum von**, Eugen: Unternehmenskultur: Schlagwort oder Bedingung (in TLG Konkret). Berlin 2001

**Leffers**, Jochen: Marketingflops 2002, die Parade der Pannen (in Spiegel Online)
**Lettau**, Hans Georg: Grundwissen Marketing. München 1992
**Leu**, Olaf: Corporate Design. Bestandteil der Unternehmenskommunikation. München 1992
**Levinson**, Joy Conrad: Guerilla Marketing. Frankfurt 1990
**Linxweiler**, Richard: BrandScoreCard. Groß-Umstadt 2001

**Martin**, Hans-Peter; **Schuhmann**, Harald: Die Globalisierungsfalle. Reinbek 1998
**Märtin**, Doris: Image Design – Die hohe Kunst der Selbstdarstellung. München 2000
**Meffert**, Werner: Werbung, die sich auszahlt. Reinbek 1987
**Meyer**, Klaus: Marketing. Erfolgreich Werben und Verkaufen von A bis Z. München 1994

**Neve**, Rose de: Designer's Guide to Creating Corporate I.D.Systems. Cincinnati (Ohio) 1992

**Obermaier**, Ernst: Grundwissen Werbung. München 1988
**Ollins**, Wally: Corporate Identity. Strategie und Gestaltung. Frankfurt/M. 1990

**Packard**, Vance: Die geheimen Verführer. Düsseldorf 1968
**Peck**, Scott: Der wunderbare Weg. München 1986
**Peters**, Thomas J; **Waterman**, Robert: Auf der Suche nach Spitzenleistungen. Landsberg a. L. 1991
**Porter**, Michael: Wettbewerbsstrategie. Frankfurt 1999
**PricewaterhouseCoopers** PWC (Hg.): Unternehmensleitbilder in Schweizer Unternehmen. Eine Befragung von PricewaterhouseCoopers mit Unterstützung des Instituts für Wirtschaftethik der Universität St. Gallen. Zürich 2000
**Pflaum**, Dieter; **Bäderle**, Ferdinand: Lexikon der Werbung. Landsberg a. L. 1983

**Rademacher**, Peter: Die besten Werbekampagnen. Landsberg a. L. 1990
**Ries**, Al; **Trout**, Jack: Die 22 unumstößlichen Gebote des Marketings. München 1993
**Ries**, Al; **Ries** Laura: Die 22 unumstößlichen Gebote des Brandings, München 1999
**Ries**, Al; **Ries** Laura: Die 11 unumstößlichen Gebote des Internet Brandings. München 2001
**Ries**, Al; **Trout**, Jack: Positioning. The Battle for your Mind. New York 1981
**Robbins**, Anthony: Das Powerprinzip. Grenzenlose Energie. München 1991
**Rode**, Friedrich A.: Ist Werbung soziologisch erklärbar? Werbewirkungsforschung heute. Düsseldorf 1994
**Rothfuss**, Volker: Wörterbuch der Werbesprache. Stuttgart 1991
**Rudolph**, A.; **Rudolph**, M.: Customer Relationship Marketing – Individuelle Kundenbeziehung. Berlin 2000

**Samland**, Bernd: Namefinding für E-Brands (in www.Endmark.de)
**Sawtschenko**, Peter; **Herden**, Andreas: Rasierte Stachelbeeren. Offenbach 2000
**Schmidt**, Joseph (Hg.): Unternehmerenergie. Bayreuth 1998

**Schnappauf**, Rudolf A.: Bewusstseinsentwicklung – Herausforderung für uns alle. Speyer 1990
**Schönert**, Walter: Werbung, die ankommt. Bonn 1977
**Seidl**, Conrad; Beutelmeyer, Werner: Die Marke „Ich". Frankfurt 1999
**Seiwert**, Lothar: Dreißig Minuten für optimale Kundenorientierung. Offenbach 1999
**Seiwert**, Lothar J.; **Friedrich**, Kerstin: 1 x 1 der Erfolgsstrategie. Offenbach 1992
**Seiwert**, Lothar J: Das neue Einmaleins des Zeitmanagements. Offenbach 2000
**Seiwert**, Lothar J: Wenn Du es eilig hast, gehe langsam, Frankfurt/M. 2000
**Simon**, Heinz Joachim: Das Geheimnis der Marke. München 2001
**Simon**, Herrmann (Hg.): Das große Handbuch der Strategiekonzepte. Frankfurt 2000
**Simon**, Herrmann (Hg.): Profit durch Powerpricing. Frankfurt 1997
**Skirl**, Michael: 100 Ideen für Werbung und PR. München 1987
**Spies**, Thomas: Kunden machen Marketing (in: Acquisa 9/2001)
**Sprenger**, Reinhard K.: Mythos Motivation. Frankfurt/M. 1993
**Sprenger**, Reinhard K.: Aufstand des Individuums. Warum wir Führung komplett neu denken müssen. Frankfurt/M. 2000
**Strauch**, Rolf: Das Werbelexikon. München 1997
**Student**, Dietmar; **Werres**, Thomas: Mit beschränkter Wirkung (in: ManagerMagazin 6/02)

**Tracy**, Brian: Das Gewinner-Prinzip. Wege zur persönlichen Spitzenleistung. New York 1993
**Tracy**, Brian: Thinking Big. Von der Vision zum Erfolg. Offenbach 1998
**Tracy**, Brian: Verkaufsstrategien für Gewinner. Wiesbaden 1996
**Tracy**, Brian: Luckfactor. Die Gesetze des Erfolgs. Offenbach 2000

**Urban**, Dieter: Kauf mich. Visuelle Rhetorik in der Werbung. Stuttgart 1995

**Voeth**, Markus: Marketingflops. Universität Hohenheim 2001/2002

**Walsch**, Neale Donald: Gespräche mit Gott 1-3. München 1997
**Walsch**, Neale Donald: Freundschaft mit Gott. München 2000
**Walsch**, Neale Donald: Bring Licht in die Welt. München 2002
**Watzlawick**, Paul: Wie wirklich ist die Wirklichkeit? München 1976
**Watzlawick**, Paul (Hg.): Die erfundene Wirklichkeit. München 1981
**Watzlawick**, Paul: Vom Schlechten das Gute. München 1986
**Watzlawick**, Paul: Vom Unsinn des Sinns oder vom Sinn des Unsinns. Wien 1992
**Watzlawick**, Paul: Anleitung zum Unglücklichsein. München 1995
**Watzlawick**, Paul; **Kreuzer**, Franz: Die Unsicherheit unserer Wirklichkeit. München 1981
**Weber-Berg**, Christoph: Ethik in der Werbung. 2002
**Werler**, Herbert: Millionengrab Werbung. Die Sünden der Werber und die Fehler ihrer Auftraggeber. Stuttgart 1993
**Wideking**, Wendelin; u. a.: Das Davidprinzip. Frankfurt/M. 2002

**Willing**, Siegfried; **Maubach**, Ulrich: Präsentationserfolg in Werbung und PR. Düsseldorf 1992
**Willing**, Siegfried; **Maubach**, Ulrich: Neugeschäft für Werbeagenturen. Düsseldorf 1991
**Willing**, Siegfried; **Maubach**, Ulrich: Erfolgsstrategien für Kundenberater in Werbung und PR. Düsseldorf 1993
**Wilson**, Jerry R: Mund-zu-Mund-Marketing. Landsberg a. L. 1991
**Winter**, Stefanie: Die Porsche Methode. Frankfurt 2000

**ZAW** (Hg.): Werbung in Deutschland 2002. Bonn 2002
**Zimmermann**, Hans-Peter: Großerfolg im Kleinbetrieb. Landsberg a. L. 1998

***Karl-Heinz von Lackum,***

Jahrgang 1963, ist Kommunikationsdesigner, Marken-Macher und Inhaber der Werbeagentur Projekt Design in Münster (Hessen).
Er betreut seit mehr als fünfzehn Jahren mittelständische Unternehmen in ihrer strategischen Kommunikation.
Er entwickelt Positionierungsstrategien und Kommunikationskonzepte und begleitet seine Kunden auf ihrem Weg zur Marke.

**Projekt Design GmbH – Agentur für Unternehmenskommunikation**
**Auf der Beune 48 64839 Münster [Hessen] · Tel. 06071 36135 · Fax 36143**
**mail@projekt-design.com · www.projekt-design.com**

**Danke!**

Ich danke allen, die mich bei der Arbeit an diesem Buch unterstützten. Besonders danke ich Johannes, Kurt, Bernd, Alex, Ralph, Thomas, Christian, Barbara und Nikolaus B. Enkelmann.

Vielen herzlichen Dank auch an Yvonne, Maureen, Kirsten und meine liebevolle und geduldige Frau Astrid.

Ganz besonders danke ich meinen Kunden, die mir ihr Vertrauen schenkten und durch die ich wertvolle Praxiserfahrungen sammeln durfte. Ohne sie wäre dieses Buch niemals möglich geworden.